採点者の心をつかむ

合格する

これだけで大丈夫!

看護・医療系の志望理由書・面接

河合塾講師 中塚 光之介

かんき出版

はじめに

僕はこれまで、30年以上予備校講師を続けてきました。

その経験から断言できることがあります。


それは、**志望理由書と面接は努力すれば必ず伸びる**、ということです。


僕はふだん、小論文をメインに教えています。

そんな僕が言うのも変かもしれませんが、小論文はなかなか成長が実感できません。もう少し正確に言うと、実際は成長できているのですが、自分ではイマイチな状態が続きます。

これは、ちょっとツラいものがあります。

それに比べて志望理由書や面接は、自身の成長がわかるので、楽しみながら学び続けることができます。

志望理由書と面接、おそらくどちらも、対策を始めたときは情報がほぼゼロ。つまり、何をどうしていいのかわからない人が多いはずです。**ですから、少し情報を得ることができれば一気に成長できる**のです。

この本を手に取ったみなさん、期待して読み始めてください。

本を読み終わるころ、すでにみなさんは、確実にコツをつかんでいるはずです。

お約束します。

改めてお伝えします。

本書は、看護・医療系大学の入試で必要な、志望理由書と面接について解説します。

大学入試全般の志望理由書、面接の基本から始め、本書のメインテーマである看護・医療系大学の志望理由書、面接の話に入ります。


ここで一つ、学習を始める前に受験生のみなさんにお願いしたいことがあります。

本書を読む前に目標を立ててください。

目標と言うと大げさですが、以下のことをお願いします。


本書を読んで、**本質を「大まかに」つかんでください。**

「大まかに」がポイントです。

「それでいいの？」と思うかもしれませんが、「志望理由って〇〇〇という考えなんだなあ」程度でＯＫ。他の細かいところは後からついてきます。本当です。

ですから、本書を隅々まで読んで記憶しよう、なんて思わないでください。目標は「大まかに」つかむことです。

よろしくお願いします。

看護・医療系大学の入試では、総合型選抜、学校推薦型選抜だけでなく、一般入試においても志望理由書や面接が必要になることが多いのです。どういった入試で受験するのかは受験する学校によって変わりますが、必要の度合いが高いのは明らかです。

ぜひ、早い時期に学び始めてください。

では、早速始めましょう！

採点者の心をつかむ　合格する看護・医療系の志望理由書・面接　もくじ

第一章 志望理由書の基本

第二章

看護・医療系の志望理由書

第三章 志望理由書の例

第四章

面接の基本

第五章

看護・医療系の面接

2 話を聞きたくなる面接の所作……162

第六章

面接の応答例

カバーデザイン：高橋明香（おかっぱ製作所）
カバーイラスト：平松慶
本文デザイン・DTP：ホリウチミホ（ニクスインク）
本文図版・イラスト：坂木浩子（ぽるか）

本書の特長と使い方

本書は以下のように構成されています。

看護・医療系の志望理由書の書き方と面接のしかたについて、僕の考えをできる限りすべて伝えたつもりです。

ですから、最初から読んでほしいと思っています。

しかし、時間が限られている受験生のみなさんのために、どこから読んでも大丈夫なように書きましたので、必要に応じて以下のようにお使いください。

【一から始めたい人】

志望理由書の書き方、面接対策について、一から始めたい人は第一章から読んでください。

【一度でも対策をしたことがある人】

志望理由書の書き方や面接対策について基本を学んだことのある人は、第一章と第四章を飛ばして、第二章、第三章、第五章、第六章だけを読んでください。

【書き方の例や応答例を知りたい人】

志望理由書の書き方の例や、面接の応答例だけを知りたい人は、第三章、第六章だけでOKです。

本書をフル活用して、ぜひ合格をつかんでください！

第一章

志望理由書の基本

看護・医療系大学の志望理由書について学ぶ前に、
まず志望理由書とは何か？　についてお話しします。
どんな学部・学科にでも共通する、志望理由書の基本、
つまり何をどう書くべきかについてしっかりおさえましょう。

1 高校で身につけたい「学力の三要素」とは？

「学力の三要素」という言葉を聞いたことがありますか？

くわしい説明は省きますが、簡単に言うと、文部科学省のいくつかの組織で規定された高校生に求められる学力の種類です。わが国での公式な学力のあり方と言っていいでしょう。

志望理由書、面接で必要な力？

本書のテーマは「看護・医療系の志望理由書と面接の対策」です。いきなり、対策の話をしてもいいのですが、あえて、学力の三要素の話をします。

なぜ、冒頭でこんな話をするのか？　それには理由があります。

この学力の三要素は、看護・医療系の志望理由書と面接試験はもちろん、**大学入学**

をめざすすべての人に求められる力です。つまり、すべての試験は、受験生がこれらの力を備えているかを試すものであると言い換えることができます。

もちろん、そうでない試験もあります。しかし、試験を担当する大学の先生は、この三つの要素を念頭に置きながら試験を作ったり、受験生が提出した志望理由書を読んだり、面接で質問したりするわけです。

したがって、試験を受ける側のみなさんは、**大学入試はこの三つの要素がベースになっていることを知っておく必要がある**のです。


しかしながらこの学力の三要素は、一見、めちゃくちゃ抽象的です。わかったような、わからないような……そんな印象を持つでしょう。

ですので、できるだけみなさんが理解しやすいよう、簡単に説明します。

学力の三要素から入る入試対策本は、もしかしたらこの本だけかもしれません。

だから、あえてお話しします。

少しだけおつき合いください。

高校卒業までに身につけてほしい三つの要素

学力の三要素とは、以下の三つです。

①知識・技能
②思考力・判断力・表現力
③主体性・多様性・協働性

やっぱり、抽象的でよくわからないですよね？　ですので、少し言葉を加えます。

①の「**知識・技能**」とは、いわゆる小学校から高校までの教科の勉強にあたります。おもに、英数国理社ですね。

②の「**思考力・判断力・表現力**」は、考え、テーマを決め、発信するといったイメージです。ちょうど小論文を書くことがこれに該当します。

③の**「主体性・多様性・協働性」**は、自らが多様な仲間と一緒になんらかの問題に取り組むことです。総合的な学習の時間や、ボランティアなどの課外活動に参加することに該当します。

これら三つの要素を、高校修了までに学んでいくことが求められているわけですね。

重視されているのは「知識・技能」のみ？

現在、多くの中学・高校では、①の**「知識・技能」**を中心に授業が行われています。もちろん、②、③に取り組んでいる学校もありますが、①の取り組みと比較するとまだまだだと言えます。

みなさんも、学校では英数国理社が重要とされている雰囲気はわかるはずです。

一般的に、高校までの学びは大学入試を目標としています。

そこで必要な教科の学習が重要視されている結果、**「知識・技能」のみに偏っているのが現状**なのです。

2 学力だけでは合格できない大学入試

結論から申し上げます。

「知識・技能」だけに偏った大学入試対策では、本書のテーマである「看護・医療系の志望理由書」および「面接」の対策は不可能です。

その理由もお話しします。

僕が受験生だったころ、30年以上前の話です。

慶應義塾大学ＳＦＣ（湘南藤沢キャンパス）が創立され、ＡＯ入試が始まりました。英数国理社の一般教科ではなく、**志望理由書や活動記録、小論文、面接、プレゼンテーション（以下、プレゼン）などで評価をする新しい入試が始まった**のです。

その後、多くの大学に推薦・ＡＯ入試が広まり、現在では、総合型選抜・学校推薦型選抜として定着しました。

もちろん学力があるのは大前提ですよ。でも……

いわゆる一般入試、英数国理社で判定する入試では、学力の三要素のうち、①の「知識・技能」がおもに問われます。

長い間大学入試は一般入試が中心でした。ですので、高校までの勉強は、①の「知識・技能」に偏重していました。

しかし現在の入試は、ほぼ半数が総合型選抜・学校推薦型選抜で決まります。こうした入試では、志望理由書や活動記録、小論文、面接、プレゼンなどで評価されます。

つまり、「知識・技能」のみでは対応できません。

そこで、**「思考力・判断力・表現力」**、**「主体性・多様性・協働性」**に注目するようになったのです。

学力の三要素と総合型選抜

改めて、学力の三要素と入試の関係を確認します。

学力の三要素

①知識・技能　↓　従来の一般入試

②思考力・判断力・表現力

③主体性・多様性・協働性　↓　総合型選抜・学校推薦型選抜

この関係は超単純化して示しています。実際にはこんなに明確に分けることはできません。

みなさんにおさえてほしいポイントは、総合型選抜・学校推薦型選抜では、②の「思考力・判断力・表現力」、③の「主体性・多様性・協働性」に重きが置かれているということです。

このことを知っていると知らないとでは、このあとの具体的な対策のお話の理解度に差が出てきます。

なので、あえてお話ししました。

もう少しだけお話しさせてください

総合型選抜・学校推薦型選抜の入試に必要な項目や試験の種類と学力の三要素との関係をまとめます。

次のページに載せた表を見てください。

こんなにパキッと明確に区別することはできませんが、あえてわかりやすくするために区別しました。

志望理由書・活動報告書は、③の「主体性・多様性・協働性」に重きが置かれています。

これは、みなさんが**これまでやってきた学びや活動、これから大学でやりたいことなどを書く**ということなのです。

面接はここでは、すべて◎にしました。

これは、**小論文・志望理由書・活動報告書などのあとに行われる最終試験という意**

表　総合型選抜・学校推薦型選抜に必要な項目・試験と三要素の関係

	知識・技能	思考力・判断力・表現力	主体性・多様性・協働性
一般教科	◎	○	△
志望理由書	△	○	◎
活動報告書	△	○	◎
小論文	○	◎	△
プレゼン	○	○	◎
面接	◎	◎	◎

味です。

小論文は自分の考えを書くので、思考力・判断力・表現力が重要です。

プレゼンは、自分のやってきたことをアピールするので主体性・多様性・協働性に重きを置きました。

本書のテーマである看護・医療系の大学入試では、一般入試でも志望理由書・小論文・面接が課されることが多いです。大切なことなのでつけ加えました。

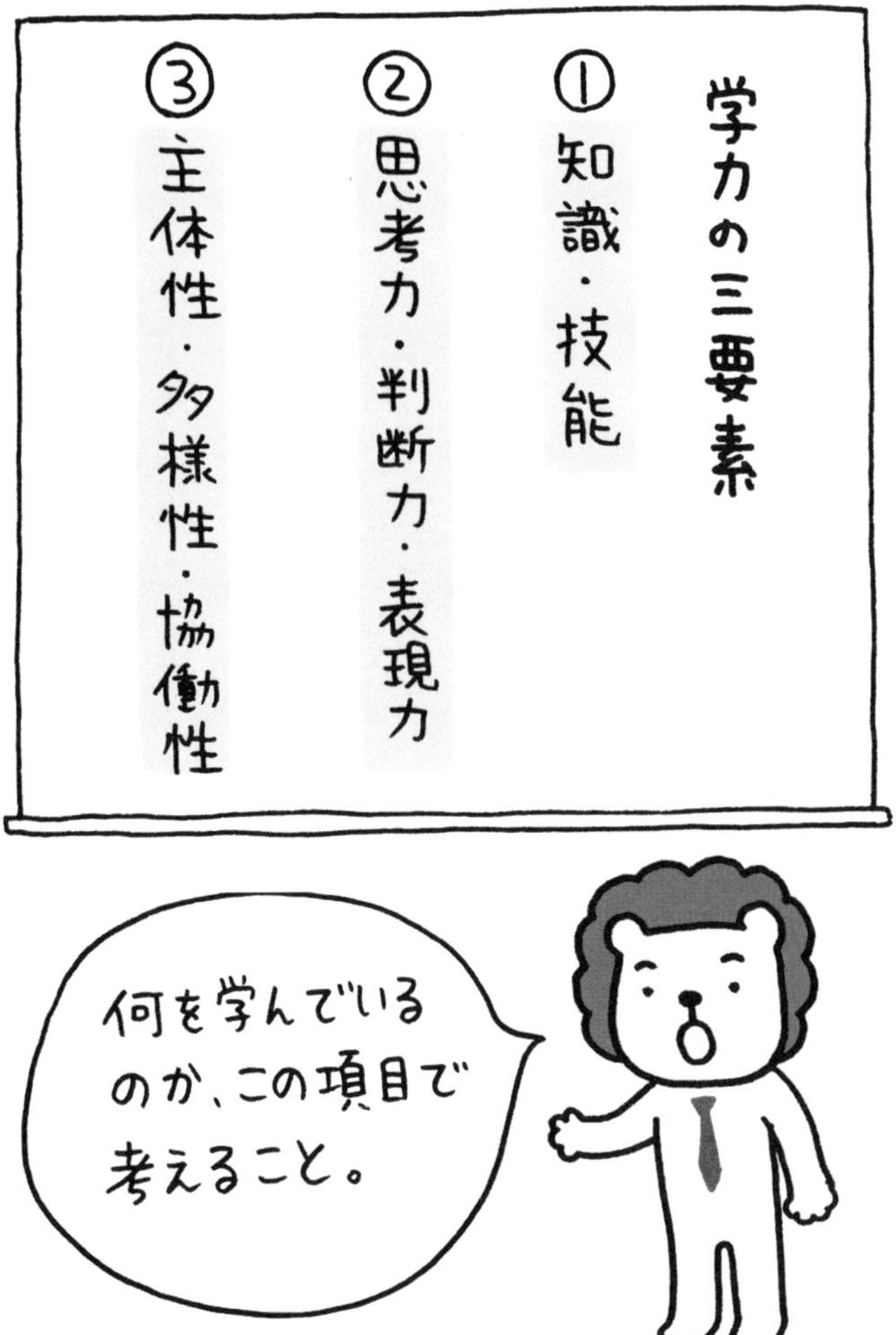
学力の三要素
①知識・技能
②思考力・判断力・表現力
③主体性・多様性・協働性
何を学んでいるのか、この項目で考えること。

3 志望理由書は四つの要素で組み立てる

前置きが長くなりました。本章の本題に入ります。

念のため、改めて。

志望理由書とは、**主体性・多様性・協働性に重きが置かれています**。みなさんがこれまでやってきた学びや活動、これから大学でやりたいことなどを書きます。

と言われても、漠然としていますよね？　実は、志望理由書に必要な要素は四つに大別できます。次の通りです。

①これまで（おもに高校時代）の自分
②現在の自分
③大学での自分
④将来の自分

共通するのは「自分」です。まずみなさんにおさえてほしいポイントは、**志望理由書は「自分について書く」ということ**です。

過去から未来へ

この四つの項目それぞれについて、もう少し掘り下げてお話しします。
具体的にどんなことなのか？　ということを意識して読んでください。

①これまでの自分　↓　高校時代に行ってきた学びや活動
②現在の自分　↓　行ってきた活動から得たこと、学んだこと、気づいたこと
③大学での自分　↓　大学で学びたいこと、活動したいこと
④将来の自分　↓　これまでの学びを活かして将来やりたい職業など

ポイントは、「自分の学びについて書く」ということです。
そして、それを、過去　↓　現在　↓　未来（大学　↓　大学卒業後の将来）という時系列で書きます。

もう少し簡単に言い換えます。以下の通りです。

①きっかけ
②現在の関心
③大学での学び
④将来の夢

ここまで単純化して理解しましょう。

志望理由書を書く！　という作業は一見大仕事です。でも、このように単純化してとらえることができれば、あとはここに「ネタ」をあてはめて書くだけでいいんです。

つまり、志望理由書を書く作業は**過去から未来にかけての「学びに関する履歴書」を作る**ということなのです。

なんだか書けそうな気がしてきませんか？

では、それぞれの項目をどう書けばいいか、さらに具体的にお話ししますね。

④ 伝わる志望理由書の書き方

志望理由書とは何か？　ということがわかったら、次は実際にどう書けばいいか？　というステップに移ります。

大切なことなのでもう一度。志望理由書の基礎になる四つの要素は以下の通りです。

①きっかけ
②現在の関心
③大学での学び
④将来の夢

この四つはすべて大切です。

でも、最初から最後まですべて大切！　という意気込みで書くと、実はだれも読んでくれない志望理由書ができあがります。

理由はそんなに難しくはありません。自分が読む側になって考えてみましょう。

最初から最後まで同じテンションの志望理由書を見せられたらどう感じますか？

いったいどこがアピールポイントなのかわからないですよね？

では、どのように書けばいいのでしょうか？

読んでもらえる志望理由書を書くための最初のポイントは、四つの要素に「強弱」をつけることです。

結論から言うと、この四つの要素のうち**強調すべきは②と③**です。

自分を好きになってもらおう

③「大学での学び」が伝えるべき重要事項であることは、なんとなくおわかりいただけると思います。入りたい大学で学びたいことを伝えるのは、当たり前ですよね？

次に伝えるべきは**「自分の学びがこの大学の学びにピッタリだ」**です。

みなさんが**ふだんどんなことを感じていて、それについてどう考えているのか？**を伝えるのです。こんな自分ですが好きになってもらえますか？　ということです。

もうおわかりでしょう。

③「大学での学び」の次に②「現在の関心」が重要なのです。

ですから、志望理由書で強調すべき順番は、

③大学での学び
←
②現在の関心

ということをご理解いただけたと思います。

大学の先生に興味を持ってもらう書き方とは？

では、「大学での学び」と「現在の関心」は、どのようなことを書けばいいのでしょうか？　具体的には以下の通りです。

大学での学び

大学のカリキュラムでの学びや、その他の学び、活動です。具体的であればあるほど評価の対象になります。ですから、「～学を学びたい」だけでは、読み手である大学の先生は、みなさんに対し漠然とした印象しか持たないでしょう。

逆に具体的であればあるほど、大学の先生はみなさんに興味が湧いてきます。たとえば「○○先生の△△ゼミで□□を学びたい」など、学びたいことをくわしく書きます。

現在の関心

みなさんがどのような学びに関心があるのか？　その関心についてどんな学びを進めてきたのか？　を書きます。

「大学での学び」同様、「～学に関心がある」などの大まかな内容では不十分です。たとえば「○○という経験から△△を学び□□に関心を持っている」のように具体的に書きます。

看護・医療系の内容についてはこのあと、さらにくわしくお話ししますが、まずは書くべき内容を、このようにざっくりととらえてください。

書いた志望理由書は読んでもらおう

すごく当たり前の話なのですが、あえてさせてください。

「大学での学び」と「現在の関心」の内容は、つながっていることが求められます。

「○○という経験から△△を学び□□に関心を持っているため、○○先生の△△ゼミで□□を学びたいので貴学への入学を希望する」といった具合です。

実は、この二つがまったくかみ合わない志望理由書を読むことがあります。

しかも書いた本人は、**指摘されるまでまったく気づかない**、というパターンが多々あります。

「かみ合ってないよね?」と指摘して初めて、「あ、確かにかみ合ってないですね……」となります。

この本も、僕が書いた原稿は編集者の方に読んでもらっています。自分では気づかないことを指摘してもらいながら、1冊の本に仕上げます。

ですから、書いたら必ずだれかに読んでもらいましょう。

残りの二つの力の入れ具合は？

では最後に、志望理由書の四つの要素のうち、①「きっかけ」と④「将来の夢」はどう書けばいいでしょうか？


まず、④「将来の夢」について。

本書は、看護・医療系大学の志望理由書・面接の対策をしたい受験生が読んでいるはずなので、当然、将来の職業像を示してください。


次に、①「きっかけ」です。

これは、みなさんがある学問に関心を持つきっかけとなる体験のことです。

結論から申し上げると、①、④を書くかどうかは**「どちらでもいい」**です。

自分がその学問に関心を持つに至った経緯を伝えることが必要ならば、書いてください。そうでなければ書かなくてもいいです。

ここまで、志望理由書の基本について説明してきました。

続く第二章では、看護・医療系大学の入試で必要とされる志望理由書についてお話ししますね。

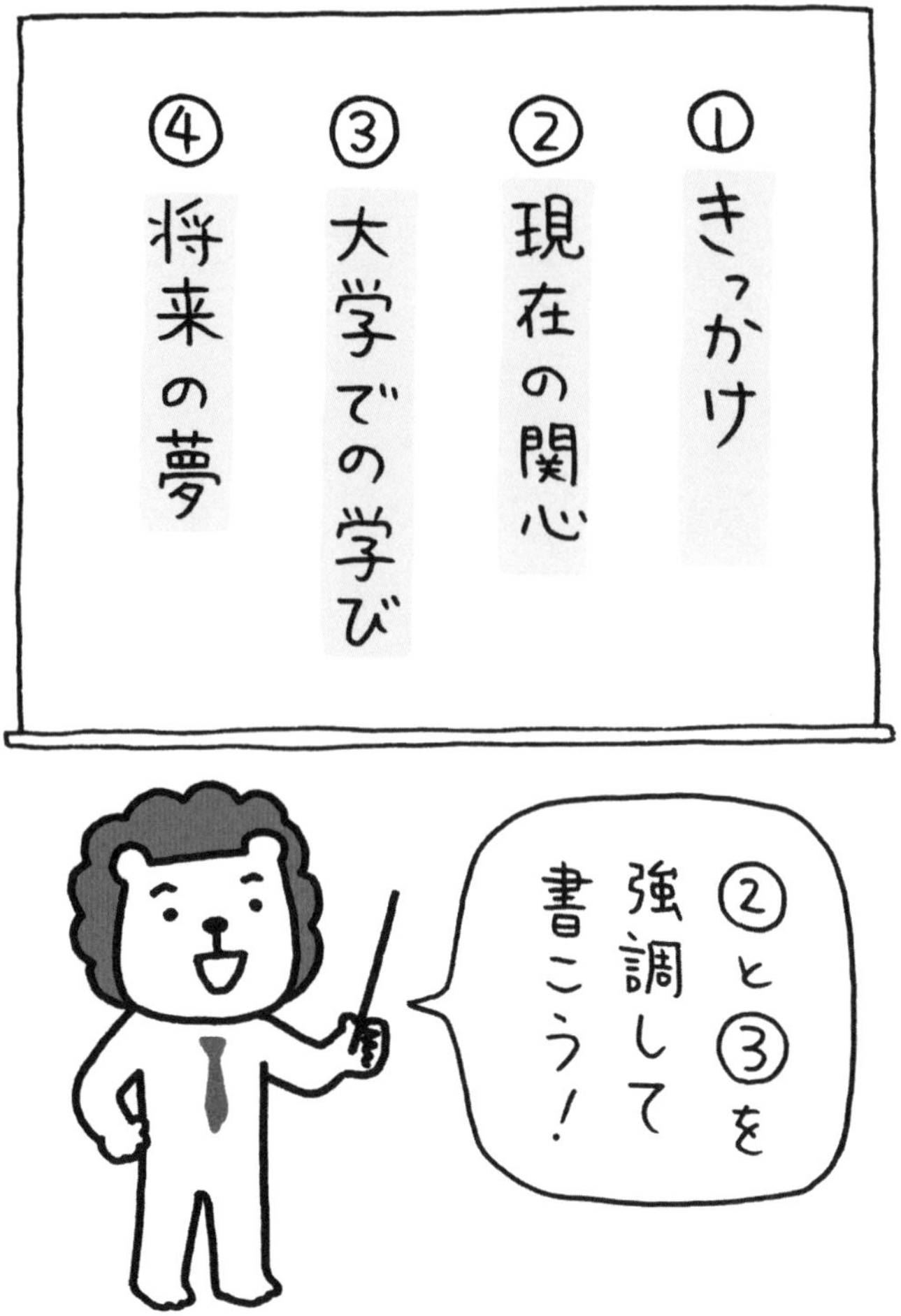
①きっかけ
②現在の関心
③大学での学び
④将来の夢
②と③を強調して書こう！

第二章

看護・医療系の志望理由書

看護・医療系の志望理由書で必要なのは？　と言っても、
基本的には第一章で紹介した志望理由書と大きな違いはありません。
ただし、看護・医療系ならではの要素も必要です。
本章では、医学・医療への関心、大学での学びといった要素を中心に
お話しします。
将来、医療従事者として活動するために
考えておくべきことでもあるので、しっかり読んでください。

1 看護・医療系の志望理由書の考え方

突然ですが、第一章の復習です。
志望理由書に必要な四つの要素は何だったでしょうか？
正解は以下の通りです。

①きっかけ
②現在の関心
③大学での学び
④将来の夢

答えにつまった人は、もう一度、第一章を熟読してください！
答えられた人は、このまま読み進めてくださいね。

四つの要素を看護・医療系の志望理由書に置き換えると

看護・医療系に進学を希望するみなさんは、この四つの要素を以下のように置き換える必要があります。

①きっかけ　↓　看護・医療の道を選んだきっかけとなった体験
②現在の関心　↓　看護・医療への関心（看護・医療の課題、医療者像）
③大学での学び　↓　志望大学のカリキュラム、特色
④将来の夢　↓　志望する職種

それぞれについて、簡単に説明しますね。

ちなみに、ここでは概要のみ説明します。強調すべき、とくに大切なパートについてはのちほどくわしく説明します。

①きっかけ

通院・入院の経験、身近に医療者がいることに加え、書籍や映画・テレビの影響なども、看護・医療の道を選んだきっかけとして書くことができます。

当然ですが、きっかけはみなさんの個人的な体験に基づいているため、人それぞれです。なんにせよ、**みなさんの体験から具体的に書きましょう。**


僕がこれまで読んだ志望理由書でダントツに多かったきっかけは、「通っていた病院の看護師さんに優しくしてもらった」のような、自身の通院・入院体験です。

最初に言ってしまうと、たんに「こんな経験があって看護師になろうと……」みたいな大まかな「感想」は志望理由書に書くレベルの話題ではありません。

「じゃあ、何を書けばいいの?」と思いますよね。書くべきは、**のちの自分に大きな影響を与えた体験**です。

②現在の関心

第一章でお話しした通り、志望理由書で**強調する大切なポイント**です。

みなさんが今の時点で、医療にどれほどの関心があるかを伝えるパートだからです。

医療への関心とは、簡単にまとめると以下の2点です。

● 現在の医療の課題
● 課題に対応できる医療者像

しっかりおさえてくださいね。

③大学での学び

このパートも重要です。

「大学で何を学ぶか？」は、志望理由書で**最も大切なポイント**です。

この大学に入学させてください！　とお願いするのですから、好きだということを訴えるのは当たり前ですね。

ただし、事前に大学のことを調べる必要があります。**大学でどのように医療を学ぶ**

のかを、ある程度知っておく必要があるということですね。
結構時間がかかる作業ですので、53ページからくわしく説明します。

④将来の夢

看護師、その他の医療職をめざしていることを書くことに加え、どのような場面でどうやって働いているか？　そして、**どのようなかたちで患者の役に立っているのか？**　など具体的なイメージが必要です。

実はこの将来の夢は、②現在の関心と重なります。
現在の医療課題に対応できるような医療者になりたいことを訴えることがベースになります。しかし、それだけでは不十分で、さらに具体的なイメージがあるといいです。

くり返します。強調すべきは「現在の関心」と「大学での学び」

志望理由書に必要な四つの要素について、概要をお話ししました。

この四つを理解していることは、このあとの具体的な作業の〝でき〟を左右するので、しっかりおさえてください。

念のため、最後にお伝えします。書く順番は関係ありません。

「きっかけ」→「現在の関心」→「大学での学び」→「将来の夢」の順で書くことを「ルール」ととらえる受験生がいます。

そうなると、この順番で書くこと自体が目的となり、内容よりも順番にこだわり始めます。**形式優先になった時点で、採点者の心をつかむ志望理由書にはなりません。**

大切なのは順番ですか？　いいえ違います。内容です。

だれかにルールを決めてもらえば、その通りにやればいいのでラク、と感じる人は多いと思います。しかし、とくに医療の現場ではその場で考えて判断しなければいけない事態に直面することが多いでしょう。

だれかに指示されないと動けないなら、もしかしたら看護・医療の道は向いていないかもしれません。

少し厳しいことを言いました。

ですが、看護・医療系の志望理由書・面接では、実際現場で働ける人になれるかどうか、それを見られていることを覚えておいてください。

話を元に戻しますね。

四つの要素のうち、すべてが書かれていないと不合格になるわけではありません。「きっかけ」がない、「現在の関心」と「将来の夢」が混ざっているなど、さまざまな形があっていいのです。

くり返します。大切なのは、**「現在の関心」と「大学での学び」が強調されていること**、そのふたつが**うまくつながっている**ことです。

しっかり理解して、さらに次へ進んでください！

2 医学・医療への関心を持つ

さてここから、志望理由書で必要な四つの要素のうち、とくに強調したい②現在の関心と、③大学での学びについてくわしくお話しします。

まずは②の現在の関心です。みなさんの、現時点での関心のことですね。

この本の読者のみなさんは、看護・医療系大学の合格をめざしていることでしょう。ですから、言うまでもなく、志望理由書には「医学・医療への関心」を書きましょう。

まずは漠然としたイメージでOK

イメージでOK、と言ってしまうと話は終わりのようですが、そうではありません。看護・医療の道を選択している以上、医学・医療について高い関心を持っているべきです。しかし、「べき論」になってしまうとツラいと感じる人もいるでしょう。

実は、僕が見てきた看護・医療系を志望する受験生の大半は、医学・医療について漠然としたイメージしか持っていないため、「関心」には至っていませんでした。

僕は、そんな受験生を責めるつもりは毛頭ありません。といいますか、**高校生なのですから、漠然としたイメージしか持つことができないのは当然**です。

今社会に出て働いている人の多くは、高校生のときに今就いている職業についての関心や知識があったか？　と聞かれたら、大半はＮＯです。

ですから、「なんとなく看護師になりたい」と思っている程度が一般的なのです。

逆に言うと、**少しだけ具体的なイメージを持っていればＯＫ**です。

まずは漠然としたイメージ、つまり、抽象的に認識していることが大切です。そして、みなさんがこれからすべきは、その抽象的な認識を具体化する作業なのです。

志望理由書を書く前におさえておきたい五つのテーマ

漠然としたイメージを具体化するため、看護・医療系の大学進学を決めたときから医学・医療について学び始める必要があります。

と言っても、何から手をつけたらいいかわからない人も多いでしょう。

ということで、看護・医療系の志望理由書に必要な医学・医療への関心について、知っておくべきテーマを並べてみます。

大きく分けて五つあります。

- 疾病構造の転換
- 医療者－患者関係
- 高齢者医療
- 終末期医療
- 地域医療

それぞれについて、少し説明を加えますね。

患者のサポート「ケア」の重要性

一つめは**疾病構造の転換**です。

1970年くらいまでは、医療のメインターゲットは感染症でした。結核や肺炎などによって亡くなる人が多かったからです。

しかし少しずつ、がん、心疾患、脳血管疾患などの慢性疾患の患者が増加し、それが原因で亡くなる人が増えます。

感染症では、原因を叩くことで根治治療をすることが可能です。

しかし、慢性疾患は根治治療が困難です。患者は長い期間病気を持ちながら生きていかなければなりません。

とするならば、現在の医療は、**治療よりもむしろ患者の人生や生活をサポートするケアに重点が置かれなければなりません。**

ケアに重点が置かれるということは、みなさんがめざす、看護・医療分野の人々の役割が大きくなるのです。

患者との信頼関係は必須

二つめは**医療者－患者関係**です。

疾病構造の転換により、ケアの重要性が高まったことをふまえると、医療者は患者の病気だけではなく、その人間的な面を理解する必要があります。

患者の日常生活の様子や、人間関係、性格、価値観をできる限り把握することで、**患者一人ひとりに合ったケアを提供しなければならない**からです。

とするならば、医療者は、患者と密なコミュニケーションをとり、信頼関係を築く必要があるでしょう。

「それって医療者の仕事なの?」と思うかもしれません。

しかし根治治療が困難な慢性疾患の患者が多い現代の医療において、大変重要な側面なのです。

最期は本人の望むかたちで

三つめの**高齢者医療**、四つめの**終末期医療**は共通点が多いのでまとめて説明します。

日本で急激な高齢化が進んでいることは、みなさんも知っているでしょう。

高齢者が増加しているということは、医療の必要性が高まるということになります。

高齢者医療は生活習慣病の治療にとどまりません。老人退行性疾患という日常生活に支障をきたす、いわゆる**加齢に伴う老化へも対応しなければなりません。**

ということは、よりその患者の人間的な面を理解し、その日常生活の質（ＱＯＬ：Quality of life）を高めなければなりません。

人はみないつか死にます。いずれ終末期を迎えます。老衰で亡くなる人もいます。なんらかの病気で最期を迎える人もいます。

医療によってもいかんともしがたく、間もなく死が訪れる時期を終末期と呼びます。そして、いかんともしがたい状況であっても、ケアをし続けることを**終末期医療**と言います。

患者は、自身の死を認め、家族や医療者などと、どこで、どのような治療やケアを受けるのかを決定します（状況によって変更もあり）。**本人が最も望むかたちで最期の時間を過ごす**のです。そうした患者の最期の時間をサポートするのが医療者なのです。

地域医療のおもな対象は高齢者

五つめの**地域医療**は、ある地域特有の医療のあり方のことを指します。

一般的には、医療資源が乏しい地域、とくに地方における医療のことを指すことが多いです。本来の地域医療は、その地域のすべての人を対象にした医療です。しかし一般的には、高齢者を対象にして語ることが多くなっています。

まとめると**「地方のある地域の高齢者医療の問題」を指すのが地域医療**ということになります。

したがって地域医療は、高齢者医療、終末期医療と密接な関連があると言えます。

最低限の知識を身につけよう

医療についての具体的イメージをつかみたい、と思った人は、まず初めにこの五つについておさえることがポイントです。

もちろん、これは医療についての知識の本当に初歩の初歩の知識です。

さらに、知識を具体的に身につける必要があることは言うまでもありません。

ちなみに、本書の目的は看護・医療系の志望理由書と面接の対策なので、医療の知識について細かく説明はしません。

くわしく知りたい人は、拙著**『採点者の心をつかむ　合格する小論文のネタ　医歯薬／看護・医療編』**（かんき出版）を読んでください。

この節の冒頭で、漠然としたイメージしか持つことができないのは当然と言いました。

ですが、それはあくまで現時点での話です。

大学の先生は**「看護・医療の道に進むときめて受験するのだから、医学・医療へ関心を持っていて当たり前」**と考えています。

ですから、志望理由書を書くとき、そして、面接で大学の先生と話をするとき、小論文を書くときに、医療についての最低限の知識（小論文の「ネタ本」から得た知識）は絶対に必要です。

医療についての知識を学ぶためのカリキュラムは高校にはありません。ですから、自分で学ぶ必要があります。

専門家のような膨大な知識はいりませんので、最低限の内容を、前述の五つのテーマに沿って学んでください。

3 大学での学びを調べる

しつこいかもしれませんが、志望理由書に必要な四つの要素を再掲します。

①きっかけ
②現在の関心
③大学での学び
④将来の夢

本節では、③の「大学での学び」についてくわしくお話しします。
志望理由書で強調すべき、みなさんが考える「大学での学び」への関心ですね。

高校と大学では「学び」の内容が違う？

「大学での学び」とは一体何でしょうか？

みなさんが考える学びとはどのようなイメージですか？

高校までは基本的に授業で先生から教わり、それが身についているかどうかを試験で確認。試験の結果によって成績がつく。

もちろん、探究のような主体的な学び方が増えていますが、**「教室でイスに座って先生の話を聞く」という学びのイメージが一般的**でしょう。


しかし、大学での学びは、大げさではなく高校までのそれとはまったく異なります。

また、大学によっても学びの内容が変わってきます。

前述しましたが、大学での学びは志望理由書で強調すべき大切なポイントです。

高校とは「まったく異なる」大学での学びを志望理由書で書くためには、どうすればいいでしょうか？

以下、調べ方などを具体的にお話しします。

大学での学びを調べるための三つの視点

学びを調べる、と言っても、じゃあ何をやればいいのか……と途方に暮れる人もいるでしょう。とりあえずインターネットで検索、というのも一つの手です。

しかし、出てくる情報は膨大です。これらの情報すべてを見ることは時間的に不可能でしょう。

ですので、大学での学びを調べるための視点をお伝えします。この視点に沿って調べれば、より効率的に情報を得ることができます。

具体的には以下の三つです。

1 大学独自のカリキュラムや制度を知る。
2 大学の地域との関わりを知る。
3 大学（大学院）の研究を知る。

それぞれ解説します。

大学独自のカリキュラムや制度を知る

一つめは「大学独自のカリキュラムや制度を知る」です。
最も効率がいい方法は、大学のホームページを見ることです。

インターネットが普及する以前、高校生・受験生と大学の間をつなぐ最もメジャーなツールはパンフレットでした。

しかし、現在はホームページがあります。

ホームページは大学の「顔」です。高校生・受験生のために各大学は、ホームページを充実させるために時間と労力（そしてお金）をかけています（もちろんホームページは、高校生・受験生だけのために作っているわけではないですよ）。

ですから、ホームページを見て調べることは、大学での学びを調べる方法としてとても有効なのです。

ホームページでは、たとえばこんな情報を得ましょう。

・早期の実習
・地域の医院との連携
・寮生活など
・授業カリキュラム

授業カリキュラム以外は、比較的簡単に見つかるでしょう。

授業カリキュラムについては、結論から言うと、シラバス（大学の授業内容を示してあるもの）をていねいに調べる必要があります。のちほどくわしくお話しします。


調べるときに一つだけ注意したい点があります。

看護・医療系大学のカリキュラムは、どの大学でも共通するところがあります。これは当たり前といえば当たり前です。大学によって医療行為が異なっては、医療自体が成り立ちません。

ですから、各大学の独自性、つまり**「共通しないところ」「特色」に注目**します。

たとえば、早期の研修や医学部との共同実習、寮生活、ＰＢＬチュートリアル教育（少人数の学生がチューターの助言を得ながら個々の問題解決に必要な事柄を学ぶ方式）への取り組みなどのことです。

志望理由として書くことができますし、それ以前に、みなさんが大学を選ぶ際の材料にもなり得るでしょう。

当然ながら、ホームページは大学によって「つくり」が違います。中には調べにくい大学のホームページもあるでしょう。ですから、隅から隅までていねいに見ましょう。まずは、どこにどの情報が書かれているのか、「メニュー」などのコンテンツ一覧を見て全体を把握します。みなさんが志望している学部・学科をクリック、もしくはタップします。さらにくわしい情報を得るために進むことができるでしょう。どんな学びが可能であるのかを調べてください。

また、どうしても目的の情報が見つからない場合は、**ホームページ内の検索機能**を使います。たとえば、「シラバス」と入力するとすぐにたどりつくことができますよ。

ホームページを見る以外にも、もちろん方法はあります。

みなさんが志望している大学に先輩、OB・OGの知り合いがいるなら、その方々に聞きましょう。ホームページには載っていない、リアルな大学生活の話を聞くことができるでしょう。


さらに、オープンキャンパスも有効な方法です。可能な限り参加しましょう。

志望している大学を自らの目で見ましょう。やはり、百聞は一見にしかず、というのは本当にそうです。

そして、ただ見学するだけではなく、先生方や先輩方に質問しましょう。

大学の地域との関わりを知る

次に「大学の地域との関わりを知る」です。

これは自治体のホームページからの情報が有効です。

看護・医療系の大学は、その大学がある地域と連携して、地域医療の問題に関わっています。

地域医療には、地域ごとの問題があり（実際には、ほぼ共通しています。たとえば、高齢者の介護問題などです）、その地域の地理的条件、経済状況、少子高齢化の度合いなどによって影響を受けています。

志望する大学が地域とどのように関わり、どのように活動しているのか？

医療問題に対し、大学はどのような対応をしているのかについて、その大学を志望している受験生として関心を持つ必要があるのです。

大学（大学院）の研究を知る

さらに「大学（大学院）の研究を知る」です。

大学院を調べることは、研究科（看護学研究・医療系研究）を調べることと同義です。

大学院に進み、研究者になることを望む受験生にとっては必須の情報です。

一方、研究者志望でない受験生も、志望する大学の研究分野について、情報として知っていて損はありません（志望理由書に書くか書かないかは別として）。

以上が、大学での学びを調べるときの三つの視点です。

最後に念のため。

大学での学びについて志望理由書を書くときの注意点です。

書く内容の優先順位を意識しましょう。

たとえば、「英語に力を入れている」とか「サークルが充実している」などは周辺情報です。あくまで「看護・医療について学べること」をメインの情報として書きましょう。

シラバスを見れば学びの全容がわかる

先ほど「大学独自のカリキュラムや制度を知る」ためにお伝えした、シラバスを調べるという方法について深掘りします。

シラバスとは、**大学で行われる講義の内容や日程などがまとめられている授業の計**

画書のようなものです。
シラバスは以下のように定義されています。

各授業科目の詳細な授業計画。一般に、大学の授業名、担当教員名、講義目的、各回ごとの授業内容、成績評価方法・基準、準備学習等についての具体的な指示、教科書・参考文献、履修条件等が記されており、学生が各授業科目の準備学習等を進めるための基本となるもの。また、学生が講義の履修を決める際の資料になるとともに、教員相互の授業内容の調整、学生による授業評価等にも使われる。

（中央教育審議会「学士課程教育の構築に向けて」（答申）２００８年12月）

いろいろ書いてありますが、簡単に言うと「大学での学びの全容はシラバスを見ればわかる」ということです。
では、シラバスはどこで見ることができるでしょうか？

先ほどお伝えした大学のホームページで見ることができますし、また、オープンキャンパスのときなどに手に入れることができます。

シラバスで大学での学びの具体的なイメージを膨らませてください。

シラバスを見る際の大切なポイントは**「どのような授業、講座、ゼミがあるのか？」**です。

授業やゼミの具体的な内容をつかんでください。

逆に注意したいのは、建学の理念やアドミッションポリシーだけを読んで終わりにすることです。

理念を読むと「わかった気」になることがあります。でもそれは、雰囲気を理解したにすぎず、具体的な学びまでは理解できていません。

ぜひ、学びの内容を具体的につかんでください。

・疾病構造の転換
・医療者－患者関係
・高齢者医療
・終末期医療
・地域医療 など
それから、大学での学び
これらを知っておこう！

第三章

志望理由書の例

本章では、第一・二章で学んだことをふまえて、
志望理由書を作ります。
どのような志望理由書が評価されるのか?
逆に評価されないのか?
みなさんが書く際に活かせるようにお話ししたいと思います。

1 看護系の例

志望理由書には何をどのように書けばいいのか？

言い換えると、何をどのように書けば採点者である大学の先生に興味を持ってもらえるのか？　本章ではこの点について具体的にお伝えします。

しかしその前に大切なことをお話しします。それは、評価基準です。

合格する志望理由書に共通する二つのポイント

想像できると思いますが、評価基準は大学によって違います。もっと言うと、先生によって違う場合もあります。

しかしたとえ評価基準が違っても、これさえクリアしていれば大丈夫、というポイントがあります。

僕の30年以上の指導経験の中で合格した受験生の志望理由書を分析した結果、共通するのはこの二つという結論に至りました。

●具体的な内容になっている。
●書くべき要素がつながっている。

具体的であることは、ここまで何度もお話ししてきました。

それに加え、書いてあることがつながっていることがとても大切なポイントです。

言い換えると、**書いてあることに矛盾がない**、ということです。

最初から最後まで、読み手に違和感を与えない志望理由書が合格する志望理由書なのです。

シンプルな評価項目で志望理由書の本質を理解しよう

ただ、この二つを評価基準にしただけでは、ちょっと抽象的でわかりにくいでしょう。

ですから、それぞれについて評価の項目を加えます。
二つのポイントをどう評価するか？　という項目です。

具体的な内容になっているかどうか

○：医療への関心や大学での学びが具体的に示されている。
△：医療への関心や大学での学びが示されているが、具体性に不十分なところがある。
×：医療への関心や大学での学びがほとんど示されていない。

書くべき要素がつながっているかどうか

○：四つの要素が示されており、論理的につながっている。
△：四つの要素が示されているが、論理的なつながりが弱い。
×：四つの要素が示されておらず、論理的につながっていない。

※必ずしも要素は四つでなくともよい

もちろん、評価できるか？　できないか？　は、この項目だけで判断できるものではありません。

また、他にも評価できる点がある志望理由書も存在するでしょう。

しかし本書は、志望理由書の本質を大まかに理解することが目的です。そこからスタートすることがとても重要です。なのであえて、できるだけシンプルな評価項目としますね。

なお、この評価項目で評価するときは、簡略化のため以下のように示します。

具：○〜×
要：○〜×

また、これもあえてわかりやすい目安として点数化する場合は以下のようにします。

100点満点で換算してみます。

具：○
要：○
70点以上

具：○（△）
要：△（○）
60〜65点

具：△
要：△
50〜55点

具：△（×）
要：×（△）
40〜45点

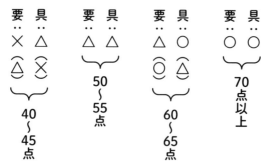

具：×
要：×
35点以下

以上です。
では、評価基準が明確になったので、志望理由書の例を読んでみましょう。

例1を評価する

例1

1 私は子どものころ、体が弱く、入退院を繰り返していた時期がある。その時にお世話になった看護師の方がいた。その看護師の方は、私をいつも励まし、元気付けてくれた。そのおかげで、私はなんとか辛い闘病生活を乗り越えることができたのだ。その看護師のようになりたくて、私は看護師を目指すようになったのである。

2　現在の医療においては、看護師の役割は大きくなっており、私のような入退院を繰り返す患者の世話をし、心の支えになる必要があると思っている。病気で体だけではなく心も折れてしまった患者さんには、しっかりとしたサポートが必要だからだ。

3　貴学では、キリスト教の精神に基づいた、奉仕の精神を学ぶことができ、私の目標とする看護師像に近づけると考えている。苦しんでいる患者に対して献身的に看護するために必要なことを貴学で学びたいのである。オープンキャンパスでお話しした学生の方々も皆親切で、ぜひ貴学で学びたいと思ったのだ。

4　将来は、患者のQOL向上のため、全力でケアを行い、一人ひとりの患者に貢献できる立派な看護師になりたいと考えている。

みなさんは、この志望理由書の例をどのように評価しますか？
結論から言うと、この 例1 はまったく評価できません。
その理由を説明しますね。

第1段落は「**きっかけ**」について書かれています。

看護師をめざすきっかけとしては悪くありません。しかし、たんなるきっかけにすぎません。

どういうことかというと、このきっかけは、そのあとに書かれている「患者に貢献できる看護師になる」こととのつながりしかありません。

つまり、あってもいいけど評価には値しないのです。


第2段落は「**現在の関心**」です。

患者の世話、心の支え、サポートなど、それらしい言葉は出ています。しかし、抽象的で、具体的な関心事はまったく伝わってきません。

ここもほぼ評価されないでしょう。


第3段落は「**大学での学び**」です。

キリスト教的奉仕の精神といった漠然とした大学のイメージと、オープンキャンパスの感想について書かれています。つまり、大学での学びについてはほぼ何の情報もありません。

第４段落は「**将来の夢**」です。
これもほとんど何も言っていないに等しいでしょう。
厳しいことを言うと、第１段落の焼き直しでしかありません。

以上、例1がまったく評価できない理由でした。

採点基準での評価は以下の通りです。

具：×
要：△
40〜45点

各要素はつながっています。しかし、具体的なイメージがほとんど伝わってこないゆえの点数です。

厳しい採点者なら、もっと低い可能性もあります。

この 例1 は、典型的な評価できない志望理由書です。

でも、何の情報もなく志望理由書を書いたら、同じような内容の志望理由書を書いてしまう気がしませんか？

しかも、文章がしっかりしていたら、何となく真っ当なものを書いたような気になってしまいませんか？

では、例1 を書いた受験生が、本書を読んで書き方のコツをつかんだとしましょう。

さて、どんな志望理由書になるでしょうか？

例2を評価する

例2

1 幼いころ、入退院を繰り返していた時期があるが、その時にお世話になった看護師の方は、医療的なケアはもちろんのこと、私の日常生活に関心を持ってくれ、私の不安や悩みをよく聴いてくれた。学校の授業が遅れること、習い事にいつ戻れるのかなど、私にとって病気そのものよりも大きな悩みに対応してくれたということだ。そのことがきっかけで、私は看護師を目指すようになったのだ。

2 現在の医療においては、生活習慣病のような慢性疾患や、高齢者の老人退行性疾患が主なターゲットになっており、治療だけではなく、患者の人間的な面、日常生活のケアが重要になっている。そうした場面で、重要な役割を果たすのが看護師だと思う。看護師は、患者の話を聴き、理解・共感することで、個々の患者に対応することができる。そうすることで、患者のＱＯＬを維持・向上させることが可能になるのだ。

3 貴学では、早期から実習があり、さまざまな病院との連携がある。また、医系総合大学であるため他職種の人たちとの協働性を学ぶことも可能だ。貴学と地域との連携も深く、高齢者医療を体験的に学ぶにも適している。まさに私が望む看護師像に近づくことが可能になると考えたのだ。

4 将来は、地域医療に携わり、地域の高齢者のケア、患者の生活を総合的にサポートできる看護師になりたい。患者のQOL向上のため、全力でケアを行い、一人ひとりの患者に貢献していきたいと考えている。

どのような変化がありましたか？　解説しますね。

第1段落の「きっかけ」です。

例1とは違い、看護師のイメージが少し具体的になります。「不安や悩みを聴いてくれる」看護師への憧れですね。

このように具体的なイメージを描けば、伝えたいことがきちんと伝わるのです。

また、この「不安や悩みを聴いてくれる」が、第2段落につながります。

第2段落の「**現在の関心**」です。

慢性疾患などによるケアの重要性という現代の医療課題（「現在の関心」）に目を向けることができているのはいいですね。

さらにいいのは「個々の患者の日常への対応」という点です。第1段落とつながっていることがわかります。

また、患者への対応のあり方も具体化されているので評価できます。


第3段落の「**大学での学び**」です。

例1よりも具体的な「学び」が見えてきます。

とてもよく調べているとまでは言えませんが、方向性は正しいです。

また、実習で「自分の望む看護師に近づく」ことに触れた点は、第1〜3段落のつながりを生みます。

第4段落の「**将来の夢**」です。

第1・2段落の焼き直し感はあります。しかし、うまくまとめているとも言えるでしょう。

以上、例2の解説でした。

全体として、評価の対象になる書き方ができている志望理由書です。ざっくりいうと、まあまあな志望理由書ですね。

さて、採点基準で評価してみましょう。

具：○
要：○
} 70点

ちょっと甘いかもしれません。しかし、具体性があるし、文章全体のつながりも悪くないので70点としました。

みなさんはどう評価しますか？

2 医療系の例

看護系に続き、医療系の志望理由書の例も見てみましょう。

例3を評価する

例3

1 小学校から野球を続けていたが、ケガの連続で辛い思いをしたことも多い。しかし、高校の時部活の専属トレーナーと出会うことで、ケガとの付き合い方を知ることができた。そのトレーナーが、色々な方法でケガへの対応を説明してくれたからだ。そこで私は、トレーナーのように、子どもたちにトレーニングのあり方を伝えることができるようになりたいと考えるようになった。

2 現在では、学校の部活動で、専門的なトレーニング指導やケガ防止指導ができる指導員の必要性が高まっている。また、部活動のレベル向上によって、結果を残せるようにすることも、スポーツトレーナーの定番の仕事となっているそうだ。スポーツをする子どもたちのために活動できるスポーツトレーナーになる意思がより強くなった。

3 スポーツトレーナーになるには、とくに資格は必要ないのだが、理学療法士という資格を取得していると有利であると知り、大学に進学し、資格を取得したいと考えるようになった。貴学は、スポーツリハビリを学ぶことができ、就職にも強いと知り、志望したいと考える様になったのだ。

4 将来は、学校の部活でスポーツトレーナーになり、適切なトレーニングを提供し、子どもたちが、健康で楽しくスポーツを続けることができるような環境を提供できる様になりたい。

おそらく、みなさんはおわかりでしょう。

この例3はあまり評価できません。理由を説明します。

第1段落は**「きっかけ」**です。

スポーツトレーナーをめざすきっかけとしては悪くありません。しかし、そのあと述べられていることに一応つながっていますが、スポーツトレーナーになりたいということしか伝わりません。文章のつながりとしては弱いと言えるでしょう。

もう少し、具体的なイメージがほしいです。

第2段落は**「現在の関心」**です。

正直、スポーツトレーナーの需要が高まっているということしかわかりません。

ここも第1段落と同様、「スポーツトレーナーになりたい」という1点しか伝わってきません。

第3段落の**「大学での学び」**です。

理学療法士の資格がほしいことが書かれているだけです。「なぜこの資格でないといけないのか?」「なぜその大学なのか?」について、何の情報もありません。

第4段落の**「将来の夢」**です。
書かれているのは「スポーツトレーナーになりたい」ことだけです。
この1点しか伝わってきません。

スポーツトレーナーになりたいんだなということはわかりました。
ですが、逆に言うとスポーツトレーナーになりたいことしか書かれていません。
「スポーツトレーナーになりたい」ことの繰り返しでは、ほぼ評価できないでしょう。

採点基準での評価は以下の通りです。

具：×
要：△
} 40〜45点

各要素はつながっていますが、具体的なイメージがほとんど伝わってきません。
45点くらいが妥当な評価です。

看護系と同様、次は評価される志望理由書です。例3を書いた受験生が、この本を読んで書き直したという想定のもと、読んでください。

例4を評価する

では、続けて読んでみましょう。

例4

1 高校の時、野球部で専属トレーナーと出会った。私はケガが多く、辛い思いをしたことも多かったが、トレーナーからケガとの付き合い方を教わったのだ。ケガをしないトレーニングやプレーの方法のみならず、食生活など日常生活に関してもアドバイスを受けた。また、トレーナーは、私とコミュニケーションをとり、様々な面で理解しようとしてくれた。そこで、個々のアスリートに対応し、その体と心をケアできるスポーツトレーナーを目指すことになったのだ。

2 現在、学校の部活動で、勝利を目指すあまり無理なトレーニングや起用により、ケガを繰り返し、将来を奪われることが問題となっている。したがって、専門的なトレーニング指導やケガ防止指導ができる指導員の必要性が高まっている。子どもたちが安心して、スポーツに取り組み、大きなケガをすることなく、スポーツを続けていくことができるような環境作りに貢献したいと考えるようになった。

3 スポーツトレーナーになるには、とくに資格は必要ないのだが、理学療法士になるために必要とされる解剖学や生理学の知識は、スポーツトレーナーの現場でおおいに役立てられると知った。貴学の理学療法科は、スポーツ理学療法の講座が充実しており、体育会の部活との連携など、私の望む医療者像に近づくのに理想的な環境だと考えた。

4 将来は、学校の部活でスポーツトレーナーになり、子どもたち一人ひとりの人間や生活に応じた適切なトレーニングを提供し、健康で楽しくスポーツを続けることができるように努力したいと思っている。そのために、貴学で学んだことを活かすことができればよいと考える。

解説します。

第1段落の「**きっかけ**」です。

例3と比べ、スポーツトレーナーをめざす**きっかけ**が具体化されています。高校のスポーツトレーナーのイメージが描かれていますね。ケガ防止のためアスリート個々に対応するということは、あとの段落にもつながっていきます。

第2段落の「**現在の関心**」です。

子どもたちがスポーツで無理をして（無理をさせられて）、スポーツができなくなる、将来を奪われるといった、社会的な問題を指摘しているのは評価ポイントになるでしょう。

そして、「その解決に貢献するスポーツトレーナーをめざす」点もいいです。

第3段落の「**大学での学び**」です。

大学で理学療法について学び、それがスポーツトレーナーに役立つという点。そのことで、自身の将来像に近づくとしている点もわかりやすいです。

第4段落の**「将来の夢」**です。

例3とほぼ変わっていませんが、第1〜3段落までの流れがあるため、納得のいく内容となっています。

以上、**例4**が評価できるポイントと理由でした。採点基準で評価してみましょう。

具：○
要：○
70点

ちょっと甘いかもしれませんが、具体性があり、文章全体のつながりも悪くないので、高得点にはなることが予想されます。

いかがでしたか？

ここまでの大切な点を次でまとめますね。

③【まとめ】とにかく具体化しよう!

ここまで、看護系、医療系ともに、評価できない志望理由書と、まあまあ評価できる志望理由書を見ていただきました。

言い換えると、本書を読んだ前と後、ビフォーアフターですね。

これらの志望理由書を比較しながら、何度も読み返してみてください。

それで、どのような志望理由が評価されるのか大まかにイメージできるようにしましょう。

「はじめに」で述べましたが、**このイメージこそが本質を大まかにつかむこと**に他ならないのです。

大まかなイメージができれば、志望理由書を書く方向性が見えてきます。方向さえ合っていれば、あとは、医療について、また、大学についてくわしく調べ、その内容を「貼りつけて」いけばいいのです。これで志望理由は完成です。

ですので、この志望理由の例を何度もくり返し読むことがとても大切です。

さて、本章の冒頭に示した、志望理由書の評価基準のポイントは以下の二つでした。

- **具体的な内容になっている。**
- **書くべき要素がつながっている。**

これらをふまえ、評価されない志望理由書の特徴をまとめます。

以下の二つに集約できるでしょう。

- **自分の体験について漠然と書いている。**
- **調べたことを大まかに、かつ抽象的に書いている。**

逆に、評価される志望理由書の特徴もまとめますね。

- **自分の体験、調べたことが、具体的かつ細かく書かれている。**
- **最初から最後まで論理的なつながりがある。**

みなさんが関心を持つ医療課題、医療者像をより具体化することが必要です。

また、要素を時系列に並べ、自身が一つのテーマのもと「進化」していく様子を示すことも必要です。大切なことなので、もう一度言います。

- **具体的な内容になっている。**
- **書くべき要素がつながっている。**

志望理由書を書くときは、この二つを強烈に意識してください。

評価基準はこの2つ！

① 具体的な内容になっている。

② 書くべき要素がつながっている。

評価項目と点数

点	具体的な内容になっている	書くべき要素がつながっている
70以上	○	○
60～65	○（もしくは△）	△（もしくは○）
50～55	△	△
40～45	△（もしくは×）	×（もしくは△）
35以下	×	×

自己アピール書って何？

最後に自己アピール書についてお話しします。

大学によっては、志望理由書とは別に、自己アピール書の提出を求められる場合があります。

自己アピール書は、活動報告書とも呼ばれる場合があります。呼び名はいろいろありますが、基本的に書くべき内容は同じと思ってください。

自己アピールとは、**みなさんの長所、考え方、価値観、性格、学んだことなど、自身についてアピールすること**です。

では、この自己アピール書は、どのように書けばいいのでしょうか？

自己アピール書の書き方のコツ

自己アピール書の書き方のコツは、志望理由書とどう違うのか？　と考えるとわかりやすいです。

志望理由書に必要な四つの要素は何でしたか？　第一章を思い出してください。

①これまで（おもに高校時代）の自分：高校時代に行ってきた学びや活動
②現在の自分　：行ってきた学びから得たこと、学んだこと、気づいたこと
③大学での自分：大学で学びたいこと、活動したいこと
④将来の自分　：これまでの学びを活かして将来やりたい職業など

このうち、志望理由書では②③が重要でした。
一方、**自己アピール書では①②が重要**です。
四つの要素について、自己アピール用に書き換えると、以下のようになります。

①これまで（おもに高校時代）の自分：根拠となる体験
②現在の自分　：資質、能力、性格など
③大学での自分：資質、能力、性格などを大学で活かす
④将来の自分　：資質、能力、性格などを職業などで活かす

くり返します。このうちの①②が重要です。

つまり、過去の自分の体験を示し、その体験のおかげで現在の自分があるという、原因と結果を示すのです。

これはとても大切な点です。確実におさえましょう。

と言うのは、この点を意識していないと、志望理由書と同じ部分を強調してしまう可能性があるからです。

書いたあとで「あれ？　志望理由書と一緒だ……」となることが結構あります。くれぐれもご注意を！

たとえば現在の自分の長所を「聴く力」としましょう。

今の自分が、その力によってどんなことができるのかをアピールします。つまり②ですね。

そして、その力が培われた体験を示さなければなりません。これが①です。

たとえば、部活で後輩の悩みをよく聴いていた体験などを書きます。

もちろん、③④があった方がいいでしょう。

「聴く力」を大学、将来の仕事にどう活かすかを述べるわけです。看護職であれば、患者の不安や悩みを聴くことに活かせますね。

簡単ですが、以上が自己アピール書を書くコツでした。

（もっとくわしい書き方は、拙著『採点者の心をつかむ　合格する志望理由書』（かんき出版）に書いたので、そちらを見てください！）

何度も読んで「大まかな」イメージを作るぞ！

第四章

面接の基本

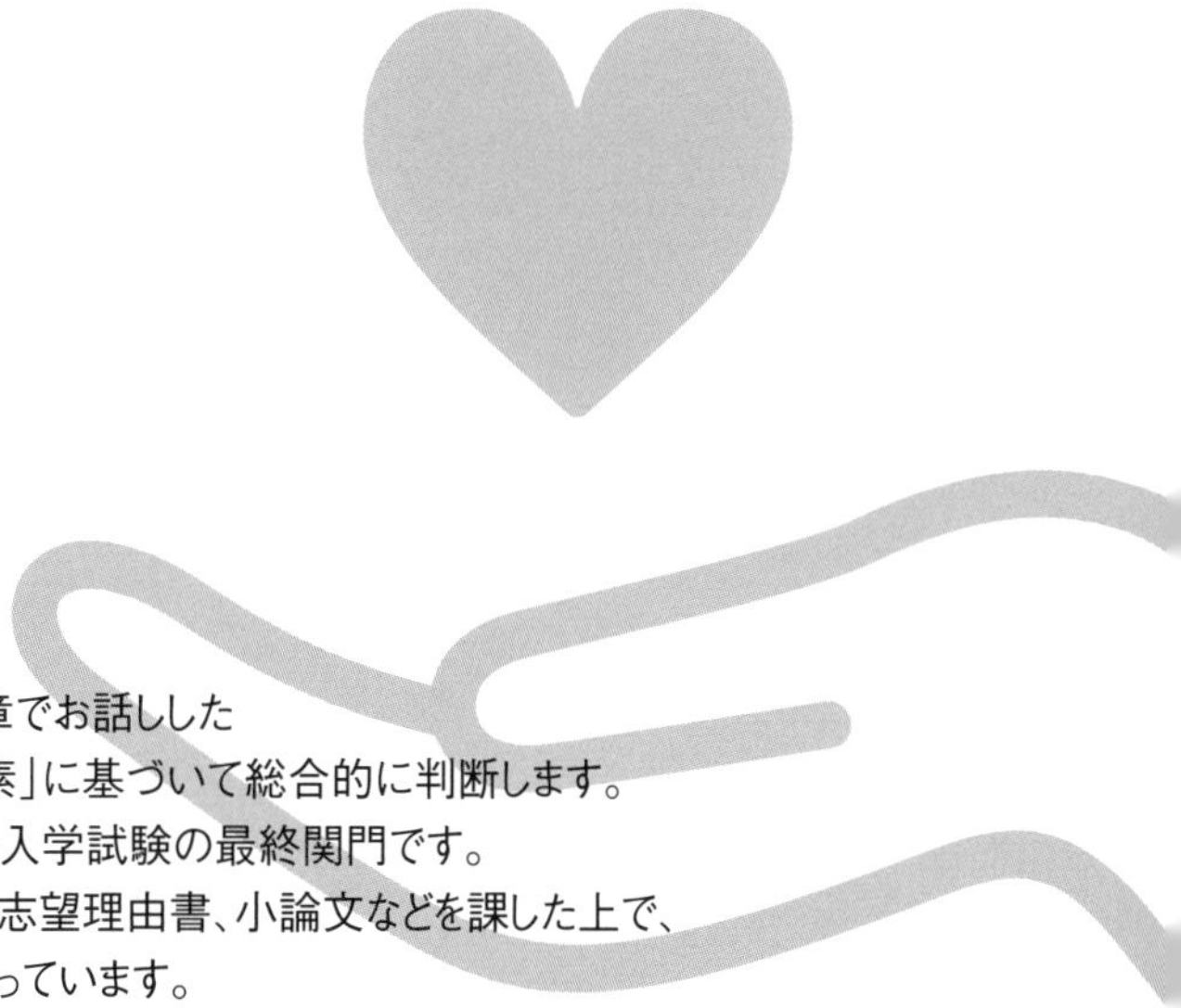

面接は、第一章でお話しした
「学力の三要素」に基づいて総合的に判断します。
また、面接は各入学試験の最終関門です。
多くの大学は、志望理由書、小論文などを課した上で、
面接試験を行っています。
つまり、面接官である大学の先生は、
志望理由書、小論文に書かれたことをふまえた上で、
面接で受験生に直接問うのです。

1 四つの形式について知ろう

面接のコツをお話しする前に、おさえておきたいポイントがあります。形式ごとに大切なポイントが少しずつ変わりますので、注意してくださいね。ここでは、それぞれの面接の特徴などのくわしいお話は省きます。まずはどのような形式なのかだけを、ザックリとおさえるだけでOKです。

形式は大きく分けると以下の四つです。

- 個人面接
- 集団面接
- ディスカッション
- プレゼンテーション

それぞれについて説明しましょう。

あなた一人か？　あなたを含めて複数か？

個人面接と集団面接は、おそらくみなさんが一般的にイメージする「面接」の形式だと思います。ただ、わずかですが違いがあるので、以下に示します。

- **個人面接**：受験生一人に対して、面接官2～3名で行う。
- **集団面接**：受験生3～5人に対して、面接官が2～4名で行う。

受験生が一人で面接官に「対峙」するのか？　それとも、複数で「対峙」するのか？の違いですね。

受験生自らが発信する面接

ディスカッションとプレゼンテーションは、おそらく世間一般の面接の理解やイメージとは少し違うかもしれません。

ディスカッションは、受験生数人で議論やディベートを行います。いわゆる集団討論ですね。

一方プレゼンテーションは、受験生自身の学びの成果を発表します。プレゼンテーションのみを単体で行う場合もありますし、面接の中にプレゼンテーションが組み込まれているケースもあります。以下にまとめます。

- **ディスカッション**　：受験生3～6人で話し合う。
- **プレゼンテーション**：受験生自身が学びの成果を発表する。

面接がどの形式で行われるかは、各大学の入試要項などに記載されています。また、学校や予備校の入試関連資料（ホームページ上の情報を含む）などに記載されていることがあります。自分の志望校については、事前に調べておきましょう。

では、形式をおさえたので、それぞれの面接のポイントについてくわしくお話ししていきますね。

●個人面接

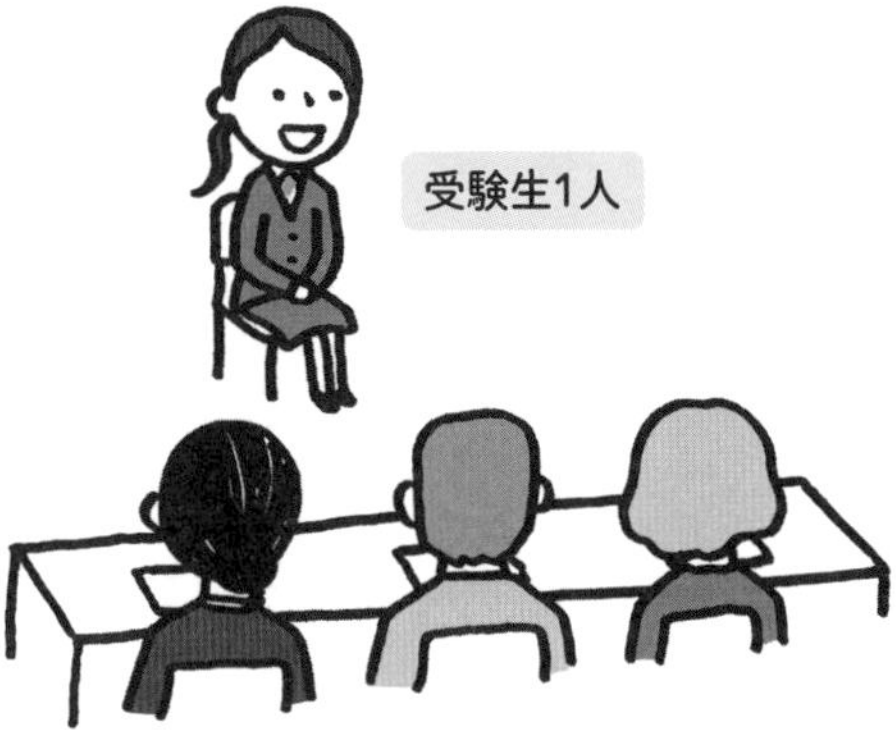
受験生1人
面接官2～3名

●集団面接

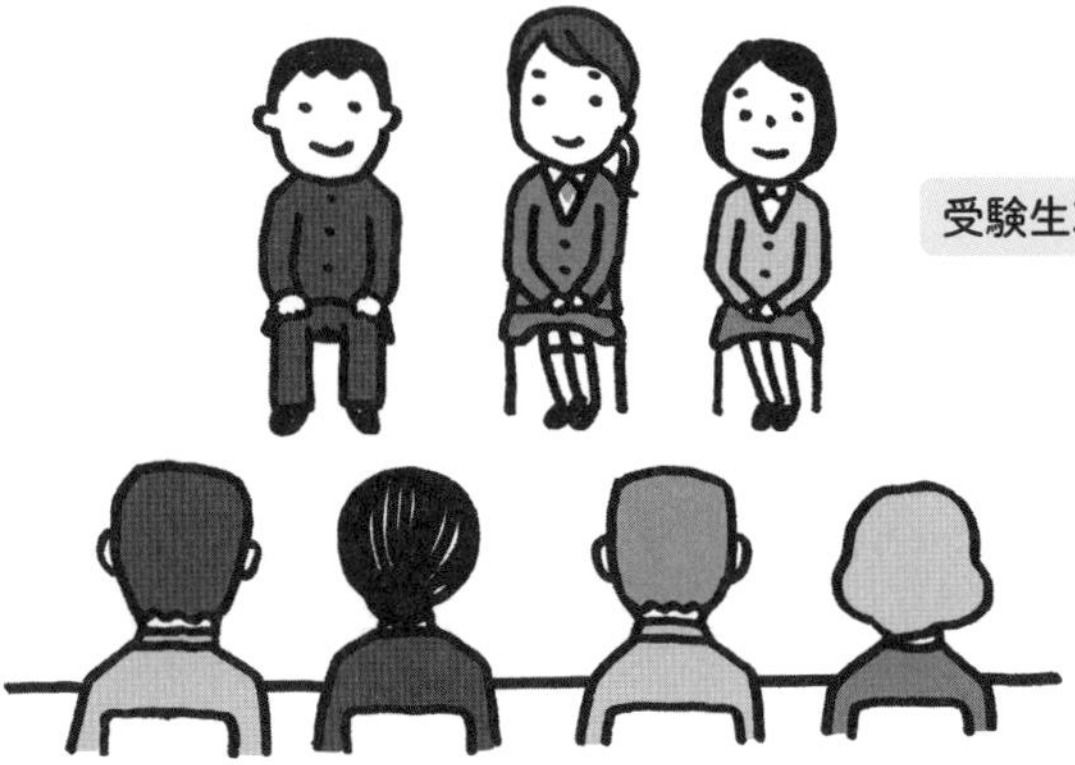
受験生3～5人
面接官2～4名

2 【四つの面接】特徴を知ろう

では、四つの面接の形式ごとに、それぞれの特徴をくわしくお話ししますね。
以下の順番で進めます。

- 個人面接
- 集団面接
- ディスカッション
- プレゼンテーション

では、まずは個人面接からです。

個人面接

踏み込んだ質問をされるのが個人面接

個人面接の最大の特徴は、踏み込んだ質問が行われることです。

当然といえば当然です。受験生一人で複数の面接官と話をするので、**自然の流れとして面接官の質問は踏み込んだ内容になる**でしょう。

逆に言うと、踏み込んだ質問をされなかったら要注意です。面接官があなたに興味を持たなかったことになるからです。

ですから、踏み込んだ質問をされることはいいこと、というか、踏み込んだ質問をされること、そして、面接官との話が深まることを目標に面接に臨んでください。

盛り上がっても盛り上がりすぎには注意を！

個人面接では、話が「深まる」場合があります。話が盛り上がるパターンです。

たとえば、趣味について聞かれて答えます。面接官の先生に「僕も同じ趣味でね」

と言われます。趣味の話でその場が楽しくなることもあるかもしれません。

僕の担当した受験生で、面接官の先生と出身地が同じで盛り上がったというパターンもあります。

もちろん、盛り上がったから合格などということはありません。しかし、雰囲気がよくなって、面接がうまく進むということも考えられます。

ただし、節度は保ちましょう。あくまで面接試験の場であることを忘れないでください。敬語で話すことを忘れて、ついタメ口に……なんてことは厳禁ですよ。

集団面接

同じ質問にどう答えるか?

集団面接は、受験生数名で同時に面接を行います。

ですから、個人面接と比較すると、踏み込んだ内容の質問はあまりありません（面接官が一人の受験生とだけ盛り上がるのも、ちょっとな、と思いますよね)。

集団面接の特徴は次の通りです。

最も大きな特徴は、同一質問です。

受験生数人に対して「Aについてどう思いますか?」と、同じ質問をされます。

みなさんは、その場にいる受験生が同じ質問をされることについてどう感じますか?

「最初の人は大変だけど、二番めの人からは前の人の意見を参考にできるからいいかも」

と思った人は要注意です!

もちろん、前の人の意見は参考にしてもOKです。忘れてはいけないのは、**この場にいる受験生はライバル同士だ**ということです。

この中のだれかが合格、だれかが不合格になります。ですから、前の人と同じような意見を言っていては合格から遠ざかる、ということでもあるのです。

では、集団面接において、合格に近づくために必要なことは何でしょうか？

それは、**差別化**です。これはなかなか面倒です。

差別化とはどのような意味でしょうか？

似たような答えでも角度を変えればOK

「差別化」は、辞書では以下のように定義されています。

同類の他のものと違いを際立たせること。

［『デジタル大辞泉』（小学館）より］

面接においての差別化は、他の受験生との意見の違いを際立たせること、という意味になりますね。

「え？　じゃあ、他の人が言ったことと違うことを言わないといけないの？」

と思った人。半分正解で半分間違いです。

他の受験生と違うことを言うことは大切なポイントです。しかし、まったく違うことを言う必要はありません。

たとえば、みなさんが三番めに答えることになったとしましょう。

一人めが話します。「あ、自分が言おうと思ったことに近い」

二人めが話します。「え？　自分が言おうと思っていたことと同じ！」

さあ、三人めはあなたです！

「言おうと思っていたことを言われてしまった……どうしよう……」

この場合、一人め、二人めの受験生とまったく違うことを言うことは難しいです。なぜなら、前の受験生とみなさんの考えは近いからです。まったく違うことを言うことは、**思っていないこと、考えていなかったことを言うことになる**かもしれません。考えてもいなかったことをムリヤリ言うと、結果としてうまく話せず、しどろもどろになることは火を見るよりも明らかです。

差別化はあくまで手段です。手段を目的にしてはいけません。

目的はあくまで合格することです。ですから、他の受験生と考えが近かった場合は、このように言いましょう。

「〜さんと似たような意見ですが、角度を変えると〜です。」

つまり、少しだけ他の受験生と見方を変えたことを伝えるのです。

とは言っても、見方を変えるには高度なテクニックが必要です。

ですので、まったく別の角度ではなく、前の受験生より情報量を増やして少しくわしく話す、具体例を変えるなど、ちょっとした工夫をすることで、前の受験生との差別化が可能です。

他の受験生の意見はしっかり聞こう

集団面接の二つめの特徴は、他人の意見について意見することです。

つまり、ある質問について述べただれかの意見について、みなさんの考えを問われます。

たとえば、**自分の前の二人まで同じ質問で、三人め、つまり自分の番に、前の二人の意見について聞かれることがある**、ということです。

適切に答えるための大切なポイントは、他の受験生の言っていることをしっかり聞く、ということですね。

自分が答えることだけを考えていては、この質問には答えることができないでしょう。

結果、面接官である大学の先生に他人の話を聞いていない受験生、という印象を与えてしまうでしょう。

他の受験生と角度を変えて話すにせよ、前の受験生の意見について答えるにせよ、共通するのは「話をきちんと聞く」ということですね。

挙手しなければ

集団面接の特徴としてもう一つ挙げるならば、挙手です。

面接官の先生から、面接の冒頭に「次の質問に挙手で答えてください」と説明があります。

この場合、みなさんがすべきことは、**最初に手を挙げる**、ということです。

この場にいる意味を考えれば、説明は不要ですよね。

でも、なかなかできそうでできないのがこの挙手です。みなさんはふだんの授業などで、手を挙げて質問することはありますか？

もちろん、する人もいると思いますが、大多数の人は積極的に挙手をすることはないかもしれません。

つまり、ふだんしていないことをすることになる人も多いと思うので、**手を挙げることを強く意識して面接に臨む必要がある**のです。

一般的に、ふだんしていないことを本番ですることは難しいです。

ですから、手を挙げる練習、もしくは、心構えをしておくことをおススメします。

どんな練習をすればいいでしょうか？　とても簡単です。

面接官役の人に、「次の質問に挙手で答えてください」と言ってもらい、そのあと、みなさんが手を挙げます。

え？　これだけ？　と思った人。ぜひ、やってみてください。意外と難しいです。

難しいのは手を挙げるタイミングです。

質問されてからどれぐらいの間をあけて手を挙げますか？　間髪を容れずに挙げると面接官はどう思うでしょうか？　「ほんとに質問聞いてた？」と思われるかもしれません。

間をあけすぎても他の人に後れをとってしまうかもしれません。

対策としてできるのは、**面接の練習を複数で行う**ことです。

その中で、手を挙げるタイミングを計ってください。

考える時間をとる　↓　まわりが手を挙げていないことを確認　↓　思い切って手を挙げる、という流れで練習しましょう。

ちなみに、逆に質問が終わる前に手を挙げてはいけません。念のため！

ディスカッション

ディスカッションって何？

ディスカッションは、受験生複数名で議論をします。

集団討論とも言います。ディベート形式で行われる場合もあります。

ディスカッション慣れしている、という受験生はほとんどいません。なぜそう言えるかというと、実際にディスカッションしている受験生の様子を見てきたからです。

多くの受験生は、ディスカッションは「みんなと議論すること」としか理解していません。

つまり、ディスカッションのことをほとんど何も知らないで本番に臨んでいるのです。

俯瞰する目を持つ？

もちろん、ディスカッションは「みんなと議論すること」という理解で間違いありません。僕が言いたいのは、**理解が大ざっぱすぎる受験生が多い**、ということです。

また、大ざっぱだけならいい方です。完全に誤解している受験生もいます。

ディスカッションのポイントを一言で言うと**「俯瞰《ふかん》する目を持つ」**です。

俯瞰って言われても、それができたら苦労しないでしょ？ と思いますよね？

ということで、このポイントについて理解しやすいように、いくつかお話しします。

ディスカッションのゴールは合意形成

みなさんに質問です。議論のゴールは何ですか？
この質問をすると、一定数の受験生が表現は違えど、このように答えます。

「相手の意見に勝つこと」

言い換えると、相手を「言い負かす」ことです。
初めに強くお伝えします。**ディスカッションで最もやってはいけないことは、この「相手の意見に勝つこと」**です。

「はい論破。」
「それってあなたの感想ですよね？」

と言って「マウント」を取る。これをした受験生は合格できません。

理由は二つあります。


一つめは、議論は合意形成をめざす手段だからです。

つまり、**その場で話し合いをしている全員が納得する結論を出すのがゴール**です。

ですから、相手を言い負かすことは、めざしているゴールとは真逆なのです。


二つめは、医療に携わる人たちはチームだからです。

この点は、面接試験一般という視点ではありませんが、看護・医療系の大学に進学を希望している受験生にとってとても大切な点なので触れておきます。

現在の医療は、医師、看護師、救命救急士、理学療法士、作業療法士……すべての医療従事者は、お互いに連携しながら患者と向き合っています。いわゆる「チーム医療」です。

相手を論破して喜んでいるような人は、そもそも医療従事者には向いていません。


少し厳しい言い方かもしれません。

しかし、医療従事者は、常に患者の生活や命と向き合っています。**「チームプレイ」が必要であることは言うまでもない**でしょう。

失敗するディスカッション

僕が見てきた受験生の最もよくある「ディスカッションあるある」です。

まずは、議論するテーマが発表されます。そのテーマについていきなり議論が始まります。だいたい以下のような流れになります。

- **そのテーマについて、議論するメンバーがそれぞれ別々の意見を述べる。**
- **結果、何も決まらず、ただただ時間が過ぎていく。**

これは、受験生のディスカッションだけではなく、日本の多くの会社の会議などでも見られる何も決まらない会議の典型パターンです。

原因は何でしょうか？

与えられたテーマの論点が複数あるということです。

テーマの中に、話し合うべきポイントがいくつか内在するため、意見もバラバラになってしまうのです。

ですから、ディスカッションにおける最も大切なポイントは、**議論の冒頭にテーマをしぼる**ことです。

いくつかあるポイントを1点にしぼるのです。議論に携わるメンバーの頭の中にあるゴールをそろえることで、出てくる意見も互いに参考にできるものになるでしょう。

結果、議論が建設的になり成立するのです。

議論が迷走し始めたら?

しかし、そう簡単にはいかない場合もあります。議論が迷走することもあり得ます。しぼったテーマに沿って、だれがどんな意見を述べているのかを把握しなければなりません。そして、議論が迷走したとき、テーマが決まらないとき、それを修正しなければならないということです。

この場合、だれかが(できればあなたが)、**「ちょっと待ってください」と言って迷**

走をとめ、「テーマをしぼりませんか？」と声を上げるべきなのです。

具体的に見てみましょう。

「原発再稼働」はどのように議論する？

ディスカッションのテーマが「原発の再稼働」だとしましょう。

話し合うべきポイントが山のようにある、ということはすぐに理解できますね。出てきそうな意見を並べてみましょう。

「電力が足りていないので原発は再稼働すべき」
「いや、危険なので再稼働すべきではない」
「経済活動を活発にするため、原発を再稼働すべき」
「地元の賛成がなくては再稼働はできない」

賛成反対に分かれているようです。

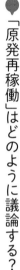

賛成意見は経済的側面、反対意見は安心や安全性の側面で意見しています。

でもこれでは、議論がかみ合いません。ここでだれかがこの「迷走」を止めるべきです。


「ここで経済的な問題にテーマをしぼってみましょう」


ようやく議論が始まります。

経済的側面のみで、賛成反対を含めたいろいろな意見を出していきます。

みんなの意見がかみ合い始めます。建設的な議論ができます。

結果、テーマをしぼることができたグループが評価されることになるわけです。

ディスカッションの内容をメモろう！

ここで前述の話に戻ります。

「ディスカッションのポイントは俯瞰する目を持つ」というお話をしました。ここまでの流れをふまえて言い換えるならば、**「俯瞰する目を持つ」とは「議論の全体像を**

見る」ことなのです。

うまくかみ合わない議論にストップをかけて、正しい方向にもっていくことが、まさにこの全体像を見ることです。

もっと簡単に言うと、**議論の流れを把握する**、ということですね。

自分が言いたいことだけではなく、少し上から議論の全体像を見極めるのです。そして議論のテーマをしぼり込み、評価されるディスカッションを行うのです。

そのためには、だれがどのような発言をしているのかのメモを取り、議論の大まかな流れを確認してください。

そのための練習として有効なのは、**ディスカッションの練習をする際にメモを取る、他人のディスカッションを見てメモを取る**ことです。

最初は難しいかもしれませんが、練習しているうちに慣れてくるはずです。

ぜひチャレンジしてください。

プレゼンテーション

プレゼンテーションは、面接とは別の試験として設定されているケースもあります。あくまで面接の一環なのですが、面接のあとにプレゼンテーションが行われるなど、分けて実施される場合があるということです。

看護・医療系を含めた大学入試の一般的なプレゼンテーションでは、**高校時代の学びや活動の成果などをアピール**します。

どのようにアピールすればいいのでしょうか？

プレゼンテーションに原稿はない

プレゼンテーションのポイントをお伝えする前に、みなさんに注意してほしいことがあります。プレゼンテーションは、用意した原稿通りに話すことではない、ということです。

プレゼンテーションでは、紙芝居のようなフリップやパワーポイント資料を使います。

その際、情報（とくに文字情報）を大量に盛り込んでしまいがちです。しかし、視覚情報はできるだけシンプルでわかりやすくしましょう。

シンプルな視覚情報を言葉で補って説明するのがベストなプレゼンです。

また、資料に書かれていることをそのまま読んではいけません。書かれていることを読むだけではまったく伝わらないからです。

政治家が国会の答弁などで、一度も顔を上げず、相手も見ずに、紙に書いてある通りに読み上げるシーンを見たことがありますか？　もちろん、国会には国会の事情があるのでそのやり方を否定はしません。しかし、プレゼンテーションの試験ではＮＧです。

さらに、台本を作ってそれを丸暗記する人が多いです。これもおススメしません。棒読みになることに加えて、一旦忘れると思い出せなくなることがあるからです。

台本を作るなら、キーになる言葉だけ（単語）書きます。プレゼンテーションの際は、**その単語を見ながら周辺情報をその場で補うように説明する方法がベスト**です。

予備校講師からのアドバイス

僕は30年以上、予備校講師をやっています。

それは30年以上、授業というプレゼンをやってきたということです。プレゼンを生業とするプロとして、プレゼンのコツをお話しします。


まず一つめは、**聞いている人の方を見る**ということです。

これだけで説得力が増します。しかしこれがなかなか難しい。プレゼン資料や原稿に目をやるのはダメではありません。ただ、それらを見てばかりでは前を向けません。

でも、資料や原稿を見ながらでないと話せない、という人もいるでしょう。

そのような人は、**句点、つまり一つの文章の末で聞いている人の方を向く**のです。

息継ぎの際に目線を変えます。目を向けるのが苦手な人は試してください。

二つめです。**区切りをつける**ことです。

5～10分のプレゼンであっても、三つから五つくらいに区切って話すと効果的です。

目次 ↓ 課題 ↓ 目的 ↓ 方法 ↓ 結論、という区切りが一般的でしょう。

これらの区切りのつど、「では、次にいきましょう」「次は～の話に進みます」とアナウンスを入れるのです。**自分のプレゼンを自分で司会するイメージ**です。

聞き手は、話の「現在地」を確認ができますし、次の話にいく準備もできます。

この方法は話がわかりやすくなるコツとしておさえておいて損はありませんよ。

最後に、**聞き手に確認をする**方法です。

「～です」という説明を淡々と続けるのではなく、「～ではないでしょうか？」「～ですよね」と、疑問を投げかけたり、同意を得ようと働きかけます。

聞き手は、**「そう思う」「いや、そうは思わない」など思考する**ことにつながります。

結果、みなさんのプレゼンの話を積極的に聞いてくれるようになるでしょう。

言葉にリズムが生まれるという効果もあります。結果、聞き手は聞きやすくなるでしょう。

●ディスカッション

●プレゼンテーション

3 面接では何を聞かれ、何を答えるの？

みなさんが面接で最も気になることは何ですか？
おそらく、何を聞かれるか？　だと思います。
面接直前に「想定問答集」などを必死で読んでいる受験生を見かけることがありま
す。想定問答集の内容を覚えて、それに対する答えを準備します。
このような受験生が面接を終えたあと、決まってこう言います。

「準備したこととまったく違うことを聞かれました……」

採点者である面接官は、大学の先生です。大学入学後に接することになる学生が、**どんな考えの持ち主なのかを知りたいので面接をしている**わけです。
志望理由書に書かれている内容は、受験生によって違います。ということは、それをふまえて行われる面接も、受験生によって違うのは当然なのです。

では、みなさんが面接で準備すべきことは何でしょうか？
一言で言うと「面接官の質問にどう答えるか？」です。
それは、面接官の質問を覚えることでもなければ、何を答えるかでもありません。
何を答えるかではなく、どう答えるか？　です。
ではこの点について、具体的にお話しします。

面接官の質問はたった四つ

面接で聞かれることは、以下の四つの質問に集約されます。

- 志望理由
- 学問への関心
- 自分関連
- 社会関連

つまり、この四つの質問にどう答えるか？　それについて準備すればいいのです。面接する先生によって質問のしかたは違うかもしれません。しかし、聞かれている内容は、ほぼこの四つの内容に沿っているのです。

「想定問答集」を丸暗記する労力は、この四つの質問に答える準備にまわしましょう。

つじつまが合うように答える

では早速、それぞれの質問内容について説明しましょう。

志望理由

志望理由書に書いた志望理由に沿って答えます。

答える際には、以下の二つにパートを分けて伝えると効果的です。

1　学問分野志望理由

2　大学志望理由

まず、**学問分野志望理由**です。

すでに志望理由書の項目で説明したとおり「なぜ、その学問をしたいと思ったのか？」、つまり、その学問分野への関心を示します。

次に、**大学志望理由**です。

「その大学で何を学びたいのか？」、つまり、カリキュラムや制度、大学の活動などへの関心です。

以上の2パートを、志望理由書を書く際のポイントと同様、つじつまがあうかたちで話しをしましょう。

志望理由の「筋」をおさえる

また、もう一つ大切なポイントは、志望理由書の「筋」をおさえることです。

一語一句暗記して話そうとしている人はとくに注意してください。

先ほどもお伝えしましたが、暗記だけの人は緊張して内容が飛んだ場合、二度と話すことを思い出せなくなります。

先ほどお話しした「何を答えるか?」だけを考えている人は、この一語一句暗記タイプに該当します。

ですから、**前述のとおり内容を大きく二つに分けて、話すことの「筋」を頭に入れておきましょう**。「骨子」ともいえるかもしれません。つまり「どう答えるか?」の準備です。

具体的な方法は、話すことの筋、流れをキーワードでメモします。そのメモに沿って話す練習をするのが効果的です。

この準備ができていれば、志望理由書に書いた内容に沿って、その場でアレンジすることができます。

志望理由書が長ければ簡潔に説明する。逆に短いのであれば、くわしく説明する。「どう答えるか?」を準備している受験生は、面接の場で「工夫」ができるのです。

学問への関心

「学問への関心」では、おもに以下について答えます。

- **なぜその学部・学科で学びたいと思ったのか？**
- **その学問に関心を持ったのはなぜか？**

ですので、漠然とした内容や、たんなるきっかけではダメです。とにかく具体的であることが重要なのです。

どうすれば具体的になる？

では、どのように答えれば具体的に答えたことになるのか？　例を使って説明しますね。

たとえば「本を読むのが好き」は、どう思いますか？

これは明らかに×です。

「本」という名詞が含む範囲が広すぎます。

では「芥川龍之介が好き」。どう思いますか？

作家名が出てきたので、少し具体的です。

これもまだまだ。芥川龍之介は３００以上の著作を残しています。

どの作品がどう好きなのか？　いろいろ言わなければいけないことはたくさんありそうです。

「芥川の『羅生門』を英訳との比較をしたら〜」。どう思いますか？

ん？　これはちょっと聞いてみたいですね。

具体的な作品名が出てきましたし、英訳との比較は興味深いです。

どうでしょうか？

「具体的」とはどういうことか？　少し理解できたでしょうか？

みなさんが何をしてきたのか？　面接官である大学の先生はみなさん自身に興味があります。

ですので、「これまでの学び」「研究」「活動」について具体的に話しましょう。

ちなみに、看護・医療系であればどうでしょうか？

一言で言えば、医療課題への関心です。

「祖父の死」→「終末期医療への関心」→「在宅介護の問題」→「介護サービスのあり方」もしくは「訪問看護のあり方」のように（芥川の話と同様に）、**具体的な問題への関心を持ってきたという経緯を示しましょう。**

また、これは先述した志望理由と内容が重なります。

当然と言えば当然です。大学で学びたいことと、現在のみなさんの学問への関心がつながっていなければいけないからです。

自分関連

みなさん自身、もしくはみなさんのまわりのことについての質問です。
たとえば以下のような内容です。

「長所・短所」
「高校時代の思い出」
「友人との関係」
「家族との関係」
「感銘を受けた本」
「趣味」

一見、答えるのが簡単そうな質問ですね。

ですが、意外と難しいのがこの自分関連の質問なんです。自分のことなので、かえって説明しにくいわけですね。

自分のことは客観的に見ることができません。ですので、何が話すべき内容なのか？　また、何が相手の興味を惹く話題なのかがわかりません。

当たり前のことととらえているので、あえて考えないわけですね。

では、どう答えるのか？

一言で言えば**「体験」**です。

「感銘を受けた本は～です」だけではダメだということです。その本を読んだ体験が重要なのです。読んで何を感じ考えたかを面接官は聞きたいのですね。

この大学受験という機会を活かしてください。

自分自身の過去、高校時代を思い返しましょう。身の回りのヒトやモノ、情報について どのようにとらえていたのかを、改めて考えて客観化してください。

そして、漠然としたイメージではなく、**どんな話をしたのか？　どのようなできごとがあったのか？　どのような考えに至ったのか？**　など、**具体的に思い出す**ことが重要です。

一つコツをお伝えします。

たとえば部活。部活の3年間を思い返して、がんばりました！　ではダメです。いつどこで何が生じたのか？　具体的なエピソードにしてください。つまり、全体像ではなく**時間空間を切り取ることで具体的、かつ、立体的になる**のです。

社会関連

社会的な関心、平たく言えば、ニュースになるようなできごとについての関心、ということです。

大学の先生は、これから大学生になるみなさんに、勉強だけではなく社会にも目を向けることができるのかを聞きたいのです。

最近のできごとは、ネットニュースなどで見ることもあるでしょう。しかし、それだけでは足りません。最低、**受験までの1～2年に生じたニュースについて知っておく必要がある**でしょう。

毎年出版される現代用語集（有料ネット閲覧がほとんど）や、中学受験生用の時事問題集などを利用するのもよいでしょう。

もっとも現在では、インターネット上に、膨大な情報がありますので、移動時間や空き時間に読むといいですね。

情報を伝えるだけではダメ

社会関連を答える際に多くの受験生がやってしまいがちなのは、できごとの概要の説明だけに終始してしまうことです。得た情報をそのまま話してしまう、ということですね。

とくに話題になっているニュースなどは、おそらく面接官の先生も知っているでしょう。聞いている先生はどんなことを思うでしょうか？　知ってるよ、と思うだけでしょう。

あなただけが知っている情報であれば、概要だけでも価値があるのかもしれません。しかし、みなが知っている情報だとしたら、概要だけでは不十分です。

また、そのできごとについての大まかな感想を述べるのでも不十分です。

情報に解釈を加えよう

ではどう答えるのがベターなのでしょうか？

まず**できごとの一部に注目**します。その**注目した部分にみなさんの解釈を加える**のです。

分析、と言ってもいいのですが、そこまで大げさなものでなくてもＯＫです。ですので「解釈」という表現を使いました。

たとえば、「オリンピックに感動した」はただの感想です。

「～の競技の～選手の気持ちは～だったのでは?」と言えれば、解釈を加えたことになります。

このように答えることができれば、面接官である先生は、「なるほど、この子はこのできごとをそうとらえたのか」と感じます。

つまり、みなさんがどのような考え方をする人なのか、ということを具体的に知ることができるのです。

Column 1

制限字数が少ない場合と多い場合の違い

大学によって志望理由書の制限字数に開きがあります。

制限字数によって書くことも変わってきます。

たとえば、100~200字と、2000字とでは、書ける内容が変わってきますね。

少ない字数では、**現在の関心と大学での学び**を簡潔に示してください。一方、多い字数では、**きっかけや将来の夢**を含めて、具体的かつていねいに書くことが求められます。

また、とても少ない場合は、面接で細かいことを聞かれる可能性があります。ですから、書きっぱなしにするのではなく、細かい情報やあなたの考えを事前に整理しておきましょう。

一方、とても多い場合は、面接に向けてその情報を記憶しておく必要があります。面接のときに「そんなこと書いたかな?」はダメですね。

ちなみに、志望理由書を準備する初期段階では、制限字数が不明の場合もあるでしょう。とりあえず、600字程度で作成しましょう。それをベースにして、字数や内容を調整して、各大学の志望理由書を作っていくのが効率的です。

第五章

看護・医療系の面接

本章は、第四章の内容を引き受けて、
看護・医療系の面接に特化したお話をします。
看護・医療系の面接では、
どのようなことに気をつければいいか、
面接での所作なども含めて、
ポイントを七つにしぼってお話しします。

1 面接の心得とテクニック

前章で、一般的な面接について理解を深めてもらいました。
ここからは、その内容をふまえて、みなさんが実際に受験する看護・医療系の大学の面接についてお話しします。

ここで扱うテーマは全部で七つ。
面接に臨む上で必要な心構えと、具体的なテクニックについて説明します。

面接の重要性を意識しよう

僕は30年以上、小論文や推薦（総合型選抜・学校推薦型選抜）の対策授業を行ってきました。また、多くの受験生を大学へ送り出してきました。

その経験から言えることがあります。それは、看護・医療系の入試では、他の学部系統と比べて、**面接が超重要視される**ということです。

僕がお話しした看護系大学の先生方は口をそろえてこう言います。

「途中で辞めずに卒業できる学生に入学してほしい。」

この言葉の裏を返せば、途中で辞めてしまう学生が多い、ということです。

なぜ辞めてしまう学生が多いのでしょうか？

学生が辞めるタイミングは、看護の現場を知った直後が多い、とのことでした。

つまり、実際の医療現場は**想像していた以上に大変だと感じ、医療従事者になることをあきらめた**ということです。

もちろん、中退した学生すべてが同じ理由であきらめたわけではありません。しかし、実習などで医療の現場を見たことで「自分には無理だ」と思う学生が多いのは事実でしょう。

看護・医療の道に進むことを決めた受験生の想いはそれぞれ違うと思います。

数多くある職業から医療従事者になることを選んだ受験生もいるでしょう。

「固い決意」まではいかないけど、医療従事者に魅力を感じて願書を出す受験生もいるでしょう。

看護・医療に関心がないけど親に勧められて選んだ人もいるでしょう。


どの受験生が中退する可能性があるのか？　ということを言うつもりはありません。しかし、実際に学生と接している大学の先生は、どのようなタイプの受験生が医療従事者としてふさわしいのか、逆に途中で辞めてしまいそうなのかは経験から知っています。

だからこそ、入学を希望する受験生ときちんと話をしたいのです。

どのようなことに取り組んできて、今、どういうことに興味を持っていて、将来どうなりたいのか受験生本人の口から聞いてみたい、と思っているはずです。

つまり大学の先生は、受験生の本気度を知りたいのです。面接は、

「本当にやる気のある受験生に入学してほしい」

と思っている大学の先生に対し、**みなさんの本気度を伝えるチャンス**と考えましょう。

なぜ看護・医療系の入試で、面接が重要視されるか、理由がおわかりいただけましたか？

強いメンタルが必要

医療従事者には、やる気に加え、精神的な強さも要求されます。

実際の医療の現場を見て辞めてしまう学生が一定数いることからわかるのは、医療従事者には気持ちの強さが必要だということです。

日に日に衰えていく患者、亡くなる患者、病で不安な気持ちを抱える患者と対面し

ながら進めるのが医療従事者の仕事です。

しかもその患者の多くは、見ず知らずの他人です。

気持ちの強さが求められる職業であることは、言うまでもありません。

ですから、看護・医療系の面接では、少々厳しい言い方で質問されることがあります。メンタルの強さが試されるわけです。

看護・医療系の面接は、昔は圧迫面接などと言われていました。現在は、圧迫面接があるとはあまり聞きませんが、やはりある程度厳しく問われます。

一般的な面接は、こんな感じです。

面接官「Aについてどう思いますか?」
受験生「Bのように思います。」

しかし、看護・医療系の面接は、以下のようなやり取りがされる場合があります。

面接官「Aについてどう思いますか？」
受験生「Bのように思います。」
面接官「Bというのはどういうことか、もう少し説明してください。」

と、再質問されることがあります。
また、再質問に答えたあと、さらに繰り返し質問されることもあります。

答えに窮する場合もあるでしょう。気持ち的に追い詰められる感覚もあるでしょう。このことを伝えると、怖くなってしまう受験生が一定数います。
何人かの大人から何度も質問されるので怖くなってしまうのは仕方のないことです。でもそんなに恐れることはありません。面接官である大学の先生の気持ちを考えましょう。

困難な状況でも、何とか対応できる力を見たい。その一心で質問しているのです。
いじわるな大人、怖い大人に見えるかもしれません。
実際の医療の現場で耐え得る医療従事者になれるのかを見ているわけです。

ですからみなさんは、明るく元気に応じてください。将来、医療の現場で立派な医療従事者になってほしいと思っている大学の先生方の前で、なんとかがんばって堂々と話しましょう。

いい思い出・悪い思い出

面接では自分関連、つまり、みなさんのこれまでしてきた経験などに関する質問が多くされます。その中で最も多いのは、高校時代についての質問です。

高校での学び、部活動、委員会活動などについての質問が「定番」です。

また、高校外の活動についても聞かれることもあります。たとえば、ボランティア、習い事、趣味などがそれに該当します。

自分関連の質問でおさえておきたい大切なポイントは、悪い思い出について聞かれることもある、ということです。

たとえば、「高校時代、最も嫌な思い出は何ですか?」のような質問です。

なんでそんな質問をされなきゃいけないんだ……って思うことでしょう。人間、生きていれば思い出したくない経験をたくさんします。一刻も早く忘れたいこともあります。

やっぱりここで思い出してほしいのは、面接官の意図です。なぜ、わざわざ悪い思い出を聞いてくるのか？　ということです。

くり返しますが、面接官は、**みなさんが医療従事者としてやっていけるかどうか**を見たいのです。

今言った通り、生きていると嫌な経験をします。だれもがそうです。

面接官の大学の先生は、悪い思い出をくわしく聞きたいわけではありません。聞きたいのは、その経験をしたときの嫌な気持ちにどう折り合いをつけたのか？　どう考えて立ち直ったのか？　ということです。

つまり、**経験した挫折から這い上がってきたストーリーを話せばいい**のです。

でも、本当に思い出したくない、とてつもなく辛かった経験を話す必要はありません。自ら問題解決ができる人であることを、ストーリーで語りましょう。

社会情勢をおさえよう

看護・医療に携わる人は、関わるすべての患者とコミュニケーションをとる必要があります。

コミュニケーションを成立させるためには、勉強や医療の知識だけではなく、社会一般への関心が必要です。社会一般と言っても、難しく考える必要はありません。**テレビや新聞、ネットニュースなどで話題になっていること**と考えてください。

しかし、みなさん、受験で毎日忙しく過ごしていると思います。そんな忙しい生活の中で、情報を得るのは意外と難しいでしょう。

時間のないみなさんには、こんな方法がおススメです。前章でも触れましたが、さらにくわしく説明します。

一つめは、**毎年発行される用語集**で重要と思われるキーワードを活用することです。代表的な用語集として「現代用語の基礎知識」（自由国民社）があります。以前はこの雑誌を含め、三つほどが流通していたのですが、現在はこの「現代用語の基礎知識」のみが書店で購入できます。

オンライン版でも見ることができるので、手に取りやすい方で見るといいでしょう。

二つめは、**中学入試用の時事問題資料集**です。

各中学受験専門塾などが、毎年11月ごろに発行しています。

いずれもタイトルには「重大ニュース」や「時事問題」などのワードが入っていますので、書店やネット書店などで探すのは簡単です。

おさえておくべきニュースが簡潔にまとめられているので、短時間で時事ネタを頭に入れることができます。

しかしなぜ、社会一般への関心について、面接で聞かれるのでしょうか？ それは、医療従事者にはコミュニケーションスキルが求められているからです。コミュニケーションは、患者との人間関係を形成する上でとても重要な役割を担います。

一般的に日本人は、コミュニケーションに不安がある人が多いようです。

その証拠に、「雑談のしかた」は、よく売れるビジネス書（ビジネスパーソンが仕事のスキルをアップさせる目的で読む本）のテーマとして常に売上上位に位置しています。雑談は、コミュニケーションの形態の一種です。

「たかが雑談。されど雑談」

雑談なんて意味がない、と思う人も多いようです。

しかし雑談は、知らない相手に「敵」ではないことを示す、**人間関係を円滑にするための重要なツール**です。

農耕しながら生活をしていた人が多かった日本人は、常に同じ地域の人たちに囲まれて生活しているので、雑談をする必要性は低かったでしょう。

それに比べ、狩猟によって生活をしていた人が多かった地域では、常に移動しながら生活していたため、知らない相手に自分は敵意がないことを示す必要があったかもしれません。そのための手段が雑談です。

欧米の人が日本人と比べて雑談が得意な人が多いのも納得です。

少し大げさな話になりました。くり返しますが、雑談、つまりコミュニケーションは、多くの患者と関わる医療従事者にとってとても重要なスキルです。そのための「ネタ」として、社会一般への関心は不可欠なのですね。

感銘を受けた本は何ですか？

「今までで、最も感銘を受けた本は何ですか？」

面接の定番の質問です。

しかも、相変わらず現在でも定番です。この質問にはしっかり答えられるように準備をしましょう。

以下は、面接でやってはいけないことです。

× **本のタイトルだけ答える。**

× **本のあらすじを説明する。**

友だち同士の会話なら、これでもいいでしょう。

しかし、相手は初めて会う、しかも、みなさんとは年齢の離れた大学の先生です。先生方も、みなさんがどんな人か知りません。読んだ本のタイトルだけ答えて、「ああ、あなたが好きそうな本ですね」とはならないでしょう。

何度も言います。この質問の意図を考えましょう。

みなさんが読んだ本や好きな本を知ることは、みなさんの人となりを知る上で、とても有効なきっかけとなります。大げさな言い方をすると、**みなさんが読んだ本や好きな本を通して、みなさんの頭の中を垣間見ることができます。**

みなさんのことを知るとても有効な手段なので、この質問をするわけです。

ですから、本について質問されたらこのように答えましょう。

●その本から何を得たのか？　何を学んだのか？
●本の内容の一部を切り取った上で　↓　そこから言えることは何か？

この話をすると、受験生のみなさんから決まってこう聞かれます。

「どんな本がいいですか？」

つまり、大学の先生に受けのいい本は何か？　ということです。
もちろん、みなさんがたくさんの本を読んでいて、その中から大学の先生の「受け」がいい本を選ぶことは可能です。
しかし、この質問をする受験生は、本をあまり読んでいないケースが多いです。
読んだことがない本、また、面接のためだけに読んだ本は、先ほど示した答えるための二つのポイントを満たすことができません。

話を戻します。結論から言うと、**何でもいい**です。

しかし、一つだけ条件があります。それは、**みなさんが読んだことがある本について答えましょう。**

また、看護・医療系大学を受験しているのだから、医療系の本じゃなきゃダメ、と考えている人もいます。

しかし、これも同じで、医療系の本である必要はありません。ムリして医療系の本を答えるとボロが出る可能性があります。

面接官である先生は、医療のプロだということを忘れてはいけません。

ただし、「医療系の本で感銘を受けた本は何ですか？」と聞かれたら、医療系の本で答えましょう。

聞かれたことに答える。基本を徹底してください。

想定外の質問が来たら？

準備していない、想定外の質問をされることがあります。
想定外ですから、準備することはできません。
このような質問にはどのように答えればいいでしょうか？

最も大切なのは、質問の条件、みなさんが持っている情報をふまえて誠実に答えることです。

面接官が見ているのは**「緊急時に冷静に対応することができる医療者としての資質」**かもしれません。

大切なポイントは、**何かを答える**ということです。

最もやってはいけないのは「わかりません。」、もしくは黙ってしまうことです。

医療従事者は、その場の状況に応じて常に何かしらの行動をしなければいけません。ですから「わかりません。」では困ります。また、突っ立っているだけで何もしないのもＮＧです。

「マンホールはなぜ円いのか？」

これは、巨大ＩＴ企業の入社最終面接でされた質問と言われています。

最もいい「回答」は「円だとマンホールのフタが穴に落ちない。」かもしれません。

この質問が看護・医療系の大学の面接でされたと仮定しましょう。どう答えればいいでしょうか？

そうした、なぞなぞの正しい答えだけを求めているわけではありません。答えがあっているかどうかというよりも、面接官の先生はその答えに至る説明がほしいのです。

たとえばこのように答えるといいでしょう。

「四角形など多角形は、１辺よりも対角線の方が長いため、斜めに傾ければ落ちてしまうが、円だとどう傾けても直径より小さくなることはないから、穴の中に落ちることがない。」

もちろん、このように答えることはムリ……という人もいるでしょう。

極端な言い方をすると、答えが正解でなくてもＯＫです。ポイントは何かを言うことです。ですから、みなさんが今持っている情報で推測することが重要なのです。

「円はどの方向からでも同じ角度で衝撃を受けるので破壊に強いのではないか。」

この答えは正解かどうかあやしいです。

しかし、みなさんが知っていることで誠実に答えています。面接官が求めている答えの範囲に入るでしょう。

みなさんがわかる範囲で、聞き手が納得するように答える。

これが想定外の質問への最も大切な対応策です。

「最後に質問はありますか？」のスルーはダメ！

「それでは最後に、何かわれわれに聞きたいことはありますか？」

と、面接の最後に聞かれることがあります。

この質問には必ず反応しましょう。

「ありません。」はダメです。

なぜなら、聞きたいことがないということは、この大学に関心がないと言っているのと同じことだからです。

たとえば**「大学の学び」「制度」「サークル」「教員」について、どんなことでもいい**ので、質問してください。

同じように「今回の面接を行ってみた感想は？」という質問もあります。

感想を聞かれているのですから、感想を言いましょう。しかし、漠然とした大まかな感想はＮＧです。

面接中の具体的なやりとりを挙げて、その感想を言ってください。

たとえば「～の質問をされたとき、一瞬焦りましたが、なんとか返答できてそこから落ち着いてできたと思います。」のような答えがベストですね。

何度も言いますが、面接はみなさんのことを知りたいと思っている面接官から質問される場です。常に面接官の意図を考えた上で答えましょう。

2 話を聞きたくなる面接の所作

「面接は、きちんとした所作で対応すべき」

みなさんだれもがこう思うことでしょう。

では、「きちんとした所作」とはどんな所作でしょうか？

背筋は常にまっすぐ。頭から足の指先まで一直線に、と考えている受験生が少なくありません。

もちろん、こんな風にできたらすばらしいかもしれませんが、もしあなたが面接官で、こんな受験生を見たらどう思いますか？

明らかに不自然だと思いませんか？　絶対に無理しているなと思うはずです。

ですから、**過剰にかたい態度、ていねいすぎる言葉を使うことはやめましょう。**

要は程度の問題です。

きちんとした所作で、ていねいな言葉は使うべきです。

では、面接官である先生が「心地いい」と感じるちょうどいい所作、つまり、みなさんの話を聞きたいと思ってもらえる所作についてお話しします。

入室から退室まで、シチュエーションごとにポイントがあるのでしっかりおさえましょう。

❶ 順番が来て名前が呼ばれます。

❷ 返事をして部屋の前でノックをします。

❸ 「どうぞ」と言われたら、ドアを開き閉めたあとで振り返り、挨拶（「よろしくお願いします」）をします。

❹ 座る場所まで進み、待ちます。

❺ 面接官から「着席してください」と言われてから着席します。

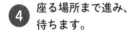

背もたれから、こぶし一つ分空けて座ります。

足は、男子は肩幅に開き、
両手を軽く握り両ひざに載せる。
女子は足をそろえて少し斜めに倒す。

話し方のポイント

1 大きな声でハキハキと話す。

2 目を見て話す。

退室のしかた

❶ 面接終了が告げられる。

❷ 「ありがとうございました」と言ったあと、
席から立ち上がる。

❸ ドアのところまで進み、ふり返り
挨拶（「失礼いたします」）をする。

いかがでしたか？　一つひとつはそれほど難しい動作ではありません。しかし、「通し」で行うと「あれ？　どうするんだっけ？」となることもあるでしょう。ぜひ、スムーズにできるようになるまで練習してください。

話し方で大きな差がつく

練習すると一連の動作を体で覚えることができるでしょう。動作、所作を覚えたら次におさえておきたいポイントについてお話しします。

面接の一連の所作の中で最も大切なのは、話し方です。

話し方以外の所作によって、受験生同士の差がつくことはほとんどありません。少し練習すればだれでも同じような動きができるからです。

しかし、話し方にはそれぞれ個性が出ます。ここで差がつくポイントは、話す内容はもちろんなのですが、それ以前に「大きな声で話す」と「目を見て話す」ことなのです。

僕の大学時代の友人には、民間企業で新入社員選抜の面接をしている人が多くいます。

その友人たちのほとんどが口をそろえて言うことがあります。

「最近の若い人は何をしゃべっているのかわからない。」

「目を見て話せない人が多い。」

言っていることがすばらしくても聞こえないのであれば、意味がありません。

また、だれに向かって話しているのかわからなければ、伝わりません。

ですから、この二つがきちんとできているだけで、他の受験生と差をつけることができるのです。もちろんその先は、話す内容が大切であることは言うまでもありません。

以上、面接における所作のポイントでした。

簡単ではないかもしれませんが、できないほど難しいわけではありません。

しっかり練習して臨んでください。

閉まっているはずのドアが開いていた!?

僕が担当した受験生のエピソードです。
この受験生は、ものすごく緊張するタイプでした。

彼は緊張すると頭の中が真っ白になることを自覚していました。ですので、僕から教わったことを暗記し、試験場でも何度も繰り返し「唱えて」いました。
たとえば、名前が呼ばれる直前まで、「最初が大事なので、まずはノック、ノック、ノック……」という調子です。

ついに名前が呼ばれました。
ドアに向かいます。
ノック、ノック、ノック……
入口の前まで来ました。
なんと!!

ドアが開きっぱなしになっていたのです。

閉まっているはずのドアが開いている！

頭の中が混乱してしまい、真っ白になってしまいました。


「一度閉めてノックした方がいいのだろうか？」

「ノックの音を口でマネるべきか？」

マニュアルはあくまでマニュアル

みなさんの中にも、緊張すると頭の中が真っ白になる人がいるでしょう。

ですから、この受験生の話はリアルに感じるかもしれません。

実は、彼の頭の中が真っ白になってしまったのには原因があります。もともとそういうタイプだったから、ということもありますが、それ以上に、マニュアルを信じ過ぎたのです（ちなみに、彼は合格しました）。

マニュアルはあくまでマニュアル。

人がやることですから、**マニュアルに書いていないことは当然起こり得ます。**

ですから、マニュアル通りにしなければならないと、固く信じてしまってはいけないのです。

想定外のことが起きたらどうすべきでしょうか？

結論は**「その場で考えて対応する」**です。

想定外のことに対応するためのマニュアルがあるとしたら、それはその時点で想定外ではありません。想定外のことにマニュアルはありません。

しかし、想定外のことに対応するために必要な考え方はありますので、以下、それについてお話しします。

「ゆるく」考えておくと面接はうまくいく

一言で言うと、**ゆるめに考えておく**ということです。

先述の所作のポイントに沿って説明します。

まず、入室前のノックです。

扉が閉まっていればノックしましょう。

扉が開いていたらノックできませんね（当然、ノックする必要はありません）。

もし扉が閉まっていたとしてノックを忘れてしまい、それに気づいた。あ〜どうしよう！　となりますか？　そんなことを思う必要はありません。ノックを忘れたことで不合格になることはありません（もし不合格になったら、別のことが原因です）。

仮に、ノックを忘れたことで不合格なったとしたら、そんな大学に行かなくてよかったと思いましょう。

それから、「ノックは何回がいいのでしょうか?」という質問を何度か受けたことがあります。**はっきり言ってどうでもいい**ことです。

あえて答えると3回でいいのではないでしょうか?

国際基準では4回と聞いたことがありますが、本当にどうでもいいと思います。

と、このように考えておけば、ノックの段階で「失敗」したとしても焦ることはないでしょう。これが「ゆるめに考えておく」ということです。

自動で閉まるドアと手動で閉めるドア

入室のときの「ドアを閉めたあとで振り返る」動作について少しだけつけ加えます。面接の練習をしていると、前を向いたまま手を後ろにしてドアを閉める受験生がいます。何気なくやっているのですが、この動作は面接官によっては失礼だと感じます。

この受験生に「ドアを閉めたあとで振り返りましょう」と伝えると、ふだんはドアを閉めることがないのでわからなかったとのことでした。

一瞬、どういうことなのか？　と戸惑ったのですが、よくよく聞いてみると**「家や学校のドアは開けたあと自動で閉まるタイプが多い」**ということでした。

僕としても盲点だったのですが、自動で閉まるドアに囲まれて生活している人は、**開けたあとに閉めるという動作の練習も必要**です。

先にお話しした「手を挙げる」という動作にも練習が必要なのと同様、ドアを閉めるという何気ない動作も練習しておく必要があるでしょう。

言われなかったら聞けばいい

着席のタイミングです。

「着席してくださいと言われなければどうするんですか？」と質問されたことがあります。

ですから逆に言うと、**「着席していいですか？」と聞きましょう。**何も言われなかった場合、無言で座るのはやめましょう。

深く座ると偉そうに見える

座る姿勢について。

先ほど、背もたれからこぶし一つ分空けて座ることについてお話ししました。

これに対し「背もたれがない場合はどうすればよいでしょうか？」という質問が出ます。

この「こぶし一つ」のアドバイスを言い換えると、「深く座ると偉そうに見えるから気をつけてね」となります。決して「こぶし一つ」がルールという意味ではありません。

ですから、**背もたれがなかったら、深く座りすぎないように、座る位置を調整しましょう。**

「見栄え」を意識しよう

座り方について。

男子は肩幅に足を開き、両手を軽く握り両ひざに載せる。

女子は足をそろえて少し斜めに倒す。

これも今まで同様、必ずこうしろ！　という決まりではありません。

肩幅より広いと偉そうですし、狭いと心細い感じに見えます。あくまでも、「見栄え」がいいのはこういう座り方です、という一つのアドバイスととらえてください。

ただし、女子の座り方はスカート着用を前提にしています。

以前は、女子の制服はスカートのみ、というのが一般的でした。ですので、このアドバイスはその前提によるものです。

しかし、現在はスカートかパンツ（ズボン）かを選択できる学校も増えています。

ですので、くり返しになりますが、あくまでアドバイスとしてとらえてくださいね。

大きい声で話す＝ハッキリ話す

最後に、大きな声でハキハキと話す、目を見て話すについて。

このアドバイスをすると、やたら大きな声を出す受験生がいます。応援団のように。

これも「ゆるく」考えましょう。やりすぎは禁物、ということです。

あまりに大きな声はうるさいだけです。ずっと目を見続けられても気持ちが悪いですよね。

声は聞こえればＯＫ。むしろ、**ハッキリ話すことが大切**です。

また、質問に対して多少考えることが必要なときは、**視線をずらすといい**でしょう。

面接官が何人かいる場合は、一人の面接官だけに話すのではなく、**適度にまんべんなく、すべての面接官に向かって話をすることも有効**です。

とくに相槌を打ってくれる面接官に向けて話をすると、リラックスできます。

リラックスすると緊張が消え、話し方も自然になることがあります。簡単に言うと、ノッてくる感覚ですね。

以上、面接での所作についてのお話でした。

マニュアルはマニュアルとしてしっかりおさえておきましょう。

しかし、マニュアル外、つまり、想定外のことも起きます。そんな事態に対応できるよう「ゆるく」考えておきましょう。

面接官の先生に対して最低限度失礼に当たらないのであれば、それでいいのです。

相手の目を見て、
ハキハキと！

第六章

面接の応答例

本章では、実際の面接を想定します。
面接で出される質問に対してどう答えれば評価されるのか？
逆に評価されないのかを知ってもらうことが目的です。
悪い応答例と好ましい応答例を比較することで、
みなさんの面接対策に役立ててください。

1 志望理由の応答例

まず初めに、結論から言います。
面接官の質問に答えるときは、以下の2点を守ってください。

●質問の内容に的確に答える
●具体的なイメージを伝える

今までいろいろなお話をしてきましたが、面接における大切なポイントは、この2点に集約されます。

これから紹介する応答例が、この2点を満たしているか？　じっくり考えながら読んでください。

まずは、志望理由からです。

よくされる質問を「定番質問」として設定し、それに対する「悪い応答例」と「好ましい応答例」それぞれを紹介します。最後に、それぞれの応答に対する「コメント」をします。

では、さっそく見てみましょう。

定番質問①

「医療職への志望理由を述べてください。」

✕悪い応答例

祖父が亡くなるとき、担当の看護師の方が大変ていねいに対応してくださり、祖父も感謝していました。

患者の気持ちを考え、十分なケアを行うことができる看護師になりたいと思ったからです。

○好ましい応答例

祖父が亡くなるとき、看護師の方が、祖父の好みや、やりたいことをていねいに聴いてくれて、できる限り対応してくれました。

終末期で治療ができない状況でも、患者の人間的な面をサポートすることのできる看護師を目指したいと思ったからです。

コメント

悪い応答例は、漠然とした医療者像とそれへの憧れでしかありません。それに対して、好ましい応答例は、「聴く」ことで「サポートをする」という具体的なイメージが見えてきます。

定番質問②

「本学への志望理由を述べてください。」

×悪い応答例

貴学は、伝統のある大学で、優秀な先輩方が卒業しており、すばらしい環境のもと学ぶことができるからです。

貴学の建学の理念にも感銘を受け、ぜひここで学び医療者を目指したいと考えたからです。

○好ましい応答例

貴学は、早期から実習が始まり、地域の医院との連携もあり、実際の医療の現場から学ぶことができます。

また、総合大学であることから、さまざまなタイプの仲間と交流することで、コミュニケーションの力を身に付けることができると考えたからです。

コメント

悪い応答例は、漠然とした大学のイメージでしかないです。好ましい応答例は、「実習」「地域連携」「仲間との交流」など、具体的なイメージがあります。

次は、少しどう答えればいいか迷いそうな「変化球質問」です。

変化球質問①

「あなたがうちの大学に入った場合、うちの大学にどんなメリットがありますか。」

×悪い応答例

私に何ができるかまだわかりませんが、一生懸命努力して勉強し、立派な医者になりたいと思います。

○好ましい応答例

私は、周りの人と仲良くなることが得意です。

大学では、このコミュニケーション力を活かし、仲間との結束力を高め、みんなで積極的に学んでいけるような環境を作ることで貢献したいと思います。

コメント

悪い応答例は、質問に対して答えていません。大学に対して何ができるか、何一つ答えていないからです。

好ましい応答例は、大学に貢献できることが、具体的に述べられていますね。

2 医学医療関連の質問への応答例

次に、医学医療関連の応答例です。

定番質問③

「チーム医療について。」

×悪い応答例

現代の医療は、さまざまな医療者がチームで対応することになっています。チーム一丸となって患者のためにケアを行っていく必要があると思っています。

○好ましい応答例

高齢者医療では、患者の日常生活をサポートする必要があります。医師を中心として、看護師、理学療法士、作業療法士、言語聴覚士などが協力して、患者の人間全体を支えていくことが求められていると思います。

コメント

悪い応答例は、チーム医療の中身がまったく見えません。それに対して、好ましい応答例では、「日常生活のサポート」のために「多様な医療者が協力する」という具体的なイメージがあります。

定番質問④

「看取りについて。」

×悪い応答例

人はみな死にますが、孤独な最期を迎える患者も多いと聞きます。そうした患者に寄り添い、少しでも安らかな死を迎えることができるよう努力していきたいです。

○好ましい応答例

患者が理想的な死を迎えるためには、患者、家族、医療者がしっかりと話し合い、どこで、どのようなケアを受けたいのかを決める必要があると思います。そのためには医療者は患者や家族の話を聴き、理解・共感する態度が重要です。

コメント

悪い応答例は「がんばろう！」という掛け声レベルの話です。まったく具体的ではありません。

好ましい応答例は「看取り」のあり方、医療者の態度が具体的に述べられています。

変化球質問②

「iPS細胞について知っていること。」

×悪い応答例

iPS細胞とは、身体中のあらゆるものを作ることができる細胞です。病気になった箇所を作り、移植するという新しい治療が可能になります。

○好ましい応答例

体細胞を初期化することで、胚性幹細胞のように、ほとんどの臓器や組織を作ることができる細胞のことで、再生医療の可能性を広げ、これまで治療できなかった病気の治療が可能になります。

体細胞由来なので、移植後の拒絶反応はなく、生殖細胞由来ではないため、倫理的な問題も生じにくいです。

コメント

悪い応答例は、知識として間違えたことは言っていません。ですが、少々幼稚な印象を受けます。医療に関心のない中学生ならこの程度でいいです。

また、好ましい応答例は、正確な知識でとてもいい応答ですが、受験生には少しレベルが高いと感じるかもしれません。

悪い応答例と好ましい応答例を足して2で割るぐらいがちょうどいいでしょう。

3 自分関連の質問への応答例

次は、自分関連の質問についてです。早速見てみましょう。

定番質問⑤

「あなたの長所・短所を述べてください。」

✕悪い応答例

長所は元気で明るいところです。
だれとでも仲良くできますし、まわりの雰囲気を明るくすることができます。
患者さんにも明るく接することができると思います。
短所は明るすぎて調子に乗るところです。

○好ましい応答例

高校時代、部活で後輩の悩みや不安を聴いていた経験で培われた、他人の話を聴く力が長所です。

この力を活かして、患者さんの話をしっかりと聴き、より良いケアを提供できるでしょう。

短所は他人の意見を聴きすぎて、自分の主張ができなくなるところです。

はっきり意見を言うべきところは言うように心がけています。

コメント

悪い応答例は、なぜその能力があるのかという経験的な根拠がありません。短所も、どう修正していくかを述べてほしいところです。

それに対して、好ましい応答例は、「聴く」能力が部活で培われたことを示し、将来医療で活かすということも述べることができています。

また、短所に対する改善策も話すことができているのはプラスになるでしょう。

定番質問⑥

「これまでで最も感銘を受けた本を教えてください。」

×悪い応答例

題名は忘れましたが、異世界で探検を続ける少年が、徐々に成長し、最終的に目的を果たす内容だったと思います。

少年の成長する姿に感動した覚えがあります。

○好ましい応答例

夏目漱石の「こころ」です。

友人同士が女性の問題でうまくいかなくなり、友人を自殺に追い込んでしまうという話がありますが、現代を生きる私には、このストーリーで自殺という事件になるというのが、どうもしっくり来ませんでした。

明治時代の人と現代人では、ストーリーに対する感受性が違うのだろうなと思いました。

コメント

悪い応答例は、本のタイトルがわからない時点でNGです。
また、ストーリーを大まかに説明して感動しましたでは、評価しようがありません。
好ましい応答例は、明治の人と現代人のストーリーのとらえ方の違いに目を向けている点が面白いですね。しっかりと読んで、考えたことが伝わってきます。

変化球質問③

「あなたが最も嫌いな言葉はなんですか。」

✕悪い応答例

ウソをつくことです。

ウソをつくことは、他人を傷つけることになるわけで、よいことは一つもありません。でも、どうしてもウソをつかなければならないときもあるでしょう。そのときは、できるだけ相手が傷つかないように注意すべきでしょう。

○ 好ましい応答例

「やるからには」です。

「やるからには本気で」のような使い方をしますが、「本来はあまりやる気がなかったのにもかかわらず、やることになったので、だったら本気で」、というニュアンスを感じてしまうのです。私だけが感じるのかもしれませんが。

コメント

悪い応答例は質問に答えていません。「ウソをつくこと」は「言葉」ではなく「行動」です。

面接での質問は一瞬です。何を問われているのかきちんと聞きましょう。

好ましい応答例は、受験生独自の感覚を説明できているのでいいと思います。

4 社会一般の質問への応答例

次は社会一般についての質問です。見てみましょう。

定番質問⑦

「最近1年間のニュースで気になったものはありますか。」

✕悪い応答例

サッカーワールドカップで、日本がベスト16入りしたことです。なかでも、ヨーロッパの強豪に勝利したことに注目しました。体力的、技術的に上まわった相手選手に対する日本代表選手の活躍に感動を覚えました。

○好ましい応答例

元首相の狙撃事件です。訓練を受けた経験があるとはいえ、自作の銃で暗殺を行ったということに衝撃を受けました。

日本でも一般人が銃犯罪に関わる可能性が高まるということに恐怖を抱きます。

コメント

悪い応答例は、ニュースを見て感じたことが何一つ言えていません。「感動した」としか言っていませんね。

対する好ましい応答例は、一つの事件に関して、どこに衝撃や恐怖を抱いたのかということを分析しているところがいいです。

定番質問⑧

「女性の労働について。」

×悪い応答例

男女平等が原則なのに、現実にはそうではない状況が続いています。女性がもっと働きやすいような環境を作ることが重要だと思います。

○好ましい応答例

法、制度など、社会的なレベルでは男女平等は進んできているのかもしれませんが、世界レベルでは日本は順位が著しく低く、政治家や企業の役員、管理職などの割合も低いままと聞きます。

女性が、男性と同様の働き方ができるような社会が望まれます。

コメント

悪い応答例は、「がんばろう」と言っているにすぎない内容です。好ましい応答例は、日本における男女の不平等の現状を説明しているのがいいです。

変化球質問④

「突然100万円をもらったら何に使いますか。」

×悪い応答例

貯金をします。
とくに今使い道がないので、とりあえず貯金するしか思いつきません。

○好ましい応答例

大学に入って、ボランティア団体を作るために使いたいと思います。貧困家庭の子どもに対して無料の塾や子ども食堂を開設して、子どもたちの居場所を作りたいと考えているからです。

コメント

悪い応答例は、正直言ってつまらないですよね。事実なのかもしれませんが、あまり考えていない感じがするからです。好ましい応答例は、カッコつけた感じはしますが、目的と理由が明確でいいと思います。

以上、応答例の紹介と、それに対するコメントでした。繰り返します。好ましい応答例に共通することは、以下の2点です。

●質問の内容に的確に答える

●具体的なイメージを伝える

聞かれたことに答えるのは、基本中の基本です。
具体的であればあるほど、面接官はみなさんのことをもっと知りたいと思います。
ぜひ、この2点を念頭に置きながら、面接の準備をしましょう。

・質問の内容に
的確に答える
・具体的なイメージを
伝える
これが
重要です!

Column 2

思い出の受験生

ずいぶん前のことです。

看護師をめざしている男子生徒がいました。

現在、看護師になる男性は増えましたが、当時はとてもめずらしかったです。

彼は、強豪校のサッカー部の副キャプテンでした。

強豪校ですから、練習はとても厳しかったようです。

副キャプテンだった彼は、その練習に耐えることができず、辞めたくなった部員からの相談を一手に引き受けていました。

その部員に対するケアとして最も有効だったのが「聴く」ことでした。

最初のころは「がんばれ」や「もっと気合い入れろ」という「励まし」の言葉をかけていたのですが逆効果でした。相談しにきた部員は次々と辞めていきました。悩んだ彼はやり方を変えることにしました。

あるときから、「励まし」の言葉は一切やめ、ていねいに部員の悩みを聴きました。つまり、部員の悩みに共感することを優先したのです。相談しにきた部員は悩みを吐露することができ、問題点を自分で考えることができるようになりました。

結果、部活を続けることにした部員が増えたそうです。

まず相手の話を聴く。

医療従事者にとって最も必要なスキルの一つです。

患者を理解し共感するために、コミュニケーションをとる必要があり、そこで、「聴く」ということが求められるからです。

僕は、彼と何気ない話をしただけでしたが、とてもいい話をしてくれたことに感謝しています。彼の体験とそこからの気づきは、そのまま、面接での自分関連の応答や自己アピールになるからです。

ちなみに、この生徒は、見事志望大学に合格しました。今では立派なベテラン看護師になっていることでしょう。

おわりに

看護・医療系の志望理由書と面接について、多くのことをお話ししてきました。
しかし、伝えたいことは実は一つです。

具体的なイメージを持つ

これが最も重要なポイントです。

志望理由書にしても、面接にしても、みなさんの体験から得た具体的な情報が必要なのです。これだけというと簡単なことのように思われるかもしれません。しかし、これこそが難しいのです。

ものを書くこと、話すこと、つまり何かを他者に伝えること。

言い換えればコミュニケーションです。

相手を納得させるために必要なのは具体性なのです。

具体的に何かを伝えることで、リアリティのある話をして自分自身を相手に伝えます。

ですので、ふだんから何事も具体的に考えるようにしてください。

だれかに話をするときに、体験的に具体例を出して話をするようにしてみてください。

いつもながら、編集者の荒上和人さんに多大な協力をいただいております。

ありがとうございました。

本書を読むことで、少しなりとも看護・医療系の大学への進学の夢に近づいて、将来の患者さん、そして、社会に貢献していただければ幸いです。

【著者紹介】

中塚　光之介（なかつか・こうのすけ）

◉――河合塾講師。大正大学専任講師。大阪府出身。早稲田大学卒業後の1993年から河合塾にて添削指導を行う（人文教育系、社会科学系、医系など）。2000年からは、すいどーばた美術学院で芸術系小論文、2001年からは、新宿セミナーで看護系小論文の指導を行う。

◉――2003年から河合塾小論文科講師となり、医系小論文、文系小論文、帰国生入試小論文を担当する。医系テキスト、全系統テキスト、全統論文模試、全統医進模試プロジェクトチームにも参加。

◉――また、AO・推薦対策全般（提出書類、面接など）の指導も行う。担当する小論文対策講座はいつも満席状態。夏期、冬期講習は、申込み開始後、即締切となるほどの圧倒的な人気を誇る。

◉――著書に、『採点者の心をつかむ　合格する小論文』『採点者の心をつかむ　合格する看護・医療系の小論文』『採点者の心をつかむ　合格する志望理由書』『採点者の心をつかむ　合格する小論文のネタ［医歯薬／看護・医療編］』『採点者の心をつかむ　合格する小論文のネタ［社会科学編］』『採点者の心をつかむ　合格する小論文のネタ［人文・教育編］』『採点者の心をつかむ　合格する小論文の書き方』（いずれも、かんき出版）がある。

採点者《さいてんしゃ》の心《こころ》をつかむ　合格《ごうかく》する看護《かんご》・医療系《いりょうけい》の志望理由書《しぼうりゆうしょ》・面接《めんせつ》

2024年2月5日　　第１刷発行

著　者――中塚　光之介
発行者――齊藤　龍男
発行所――株式会社かんき出版
東京都千代田区麴町4-1-4 西脇ビル　〒102-0083
電話　営業部：03(3262)8011㈹　編集部：03(3262)8012㈹
FAX　03(3234)4421　　振替　00100-2-62304
https://kanki-pub.co.jp/
印刷所――ベクトル印刷株式会社

　ISBN978-4-7612-3111-8 C7037